となりのイスラム

世界の
3人に1人が
イスラム教徒
になる時代

内藤正典

ミシマ社

まえがき

「イスラム過激派によるテロが起きました」

この数年、こうしたニュースを頻繁に目にするようになりました。その影響もあり、この本を手にとった読者の皆さんのなかにも、「イスラムは怖い……」と感じている方がいるかもしれません。

では、その恐怖はいったいどこからくるのでしょう?

こう質問を返したとき、明快に答えることのできる人はそれほど多くはない。おそらく、怖いというイメージが先行しているだけではないかと思うのです。

そう考える理由を述べる前に、次に、角度を変えた質問をさせてください。

あなたは、今後、イスラム教徒と仲良くしていこうと思っていますか?

むしろ、仲良くするどころか、怖そうだからできるだけかかわらないほうがいい、と思っている人も多いでしょう。「イスラム国」のテロに見舞われ、シリアから膨大な数の難民が押し寄せているヨーロッパ諸国では、この問題は非常に切迫していて、イスラム教徒とかかわりあいたくないと思う人は急速に増えています。

しかしその一方で、いまや世界の人口の四分の一にあたる一五、六億人がイスラム教徒なのです。近い将来、三人に一人がイスラム教徒になる、とも言われています。

このことは、イスラム教徒とかかわらずに生きていくことが、もはやできないという現実をあらわしています。

そうは言っても、彼らは暴力的で危険な人たちなんじゃないか。女性の人権を抑圧するような宗教を信じているんじゃないか。

私は、イスラム教徒ではありませんが、長いあいだ、イスラム教徒の社会を研究してきました。そのうえで言うのですが、暴力性がないとは言えません。女性の人権抑圧の問題がないとも言えません。ただし、そこには、欧米の人たちが大きく勘違いしていることがあります。

ひとつは、イスラムという宗教の体系が、私たちがなじんでいる近代以降の西欧世界で生まれた価値の体系とは、ある種、根底から違っているということを知らずにいたということです。簡単に言えば、欧米の世界からは否定すべき暴力に見えても、イスラムとしては暴力ではあっても否定すべきとは考えていない場合があります。

そのうえ、イスラム教徒は、こう言います。欧米諸国はイスラムの暴力性ばかり言い立てるけれど、じゃあ欧米は罪もない人びとを殺さなかったとでも言うのか？

ちょっと立ち止まって考えてみてください。第一次大戦、第二次大戦、どちらもヨーロッパが焦土と化した戦争ですが、戦っていたのは、どちらもキリスト教徒です。でもあの戦争を「キリスト教徒の戦争」なんて誰も言わないですよね。何百万人もの犠牲者を出しても、「キリスト教徒が暴力的だから、あんな戦争を起こすんだ」とは言いません。それなのに、イスラム教徒が戦ったり、テロを起こしたりすると「イスラムの暴力」と簡単にまとめてしまうのは、おかしくありませんか？

女性の人権にしても、イスラム教徒の側から見ると、さんざん女性の性を商品化してきた欧米諸国が、どうしてイスラム教徒の女性がスカーフやヴェールをかぶることを批判できるんだ？　と反論したくなるでしょう。

もうひとつは、過去、少なくとも一世紀にわたって、欧米諸国とイスラム教徒自身が暮らす国々が、イスラム的に正しく生きようとする人たちの居場所を奪いつづけてきたということです。つまり、欧米であれ、アラブであれ、国家がイスラム教徒の居場所を奪ってきたのです。

どちらも、読者のみなさんにはなじみのない話かと思います。この本では、イスラム教徒ではない私の眼からみたイスラム教徒の人間像と、イスラム教徒の社会について、書いていこうと思います。

もちろん、その狙いは、理由もなく毛嫌いして、一五、六億の人たちとの関係をこれ以上とげとげしいものにしないことにあります。

現実的に、仲良くしていく方法を探るほうがいいのではないかということです。ビジネスといった功利的な面だけを見てみても間違いないでしょう。一五、六億人もの人たちとより活発な商売ができる可能性が生じるわけですから。ただし、それはあくまでも入り口としてのとらえ方で、実は、イスラムから学ぶことはたくさんあります。とくに、日本人がいま直面している高齢者の介護や子育てといった問題で、吸収すべき知恵は数知れません。

また、安全保障や治安の観点、もっとひろげて平和のためにも、イスラムと「戦う」という選択肢より「共存を図る」ほうが、人類史のレベルにおいて、はるかに大きな恩恵が生まれるにちがいありません。

そのためには、私たちの価値観とは何が共通していて、何が根本的に異なるのかを知ることが、なによりも大切です。なんとなくわかり合えるというのは、幻想にすぎません。

私は異文化理解の説教師ではありませんが、一九八〇年代にシリアを、その後ヨーロッパでトルコ出身の移民を、それぞれ現地で研究してきました。九一年からは、トルコに家をもち、イスラム世界との交流をつづけています。

この本では、私が実際に見て聞いて研究した「となりのイスラム」をご紹介することで、みなさんの頭のなかにある、「イスラムは怖い」という思い込みを解いていこうと思います。そして、ごくふつうに仲良くしていけるんだ、あるいは、そうしていきたい、と思い、行動する人たちが増えていってほしいと思うのです。

イスラムの場合、さきほども触れましたが、根本的に私たち、あるいは近代以降の西欧世界で生まれた価値観とは相入れないところがあります。そこばかりに注目するなら、イスラム世界と西欧世界は、対立し、衝突し、暴力の応酬におちいってしまいます。それをどうしたら避けられるか、ここのところも考えなければなりません。イスラム世界と西欧世界とが、水と油であることを前提として、しかし、そのうえで、暴力によって人の命をこれ以上奪うことを互いにやめる。そのために、どのような知恵が必要なのかを考えなければなりません。

そういう願いを本書に込めました。

目次　となりのイスラム

第2章 イスラム教徒とは、どういう人か

第3章 西欧世界とイスラム世界はもともとは同じ

第4章 となりのイスラム教徒と共に

第5章 ほんとはやさしいイスラム教徒

第6章 日本人が気になる12の疑問

第7章 イスラムの「病」を癒すために

終章 戦争、テロが起きないために私たちができること

【イスラム教徒の人口比率】

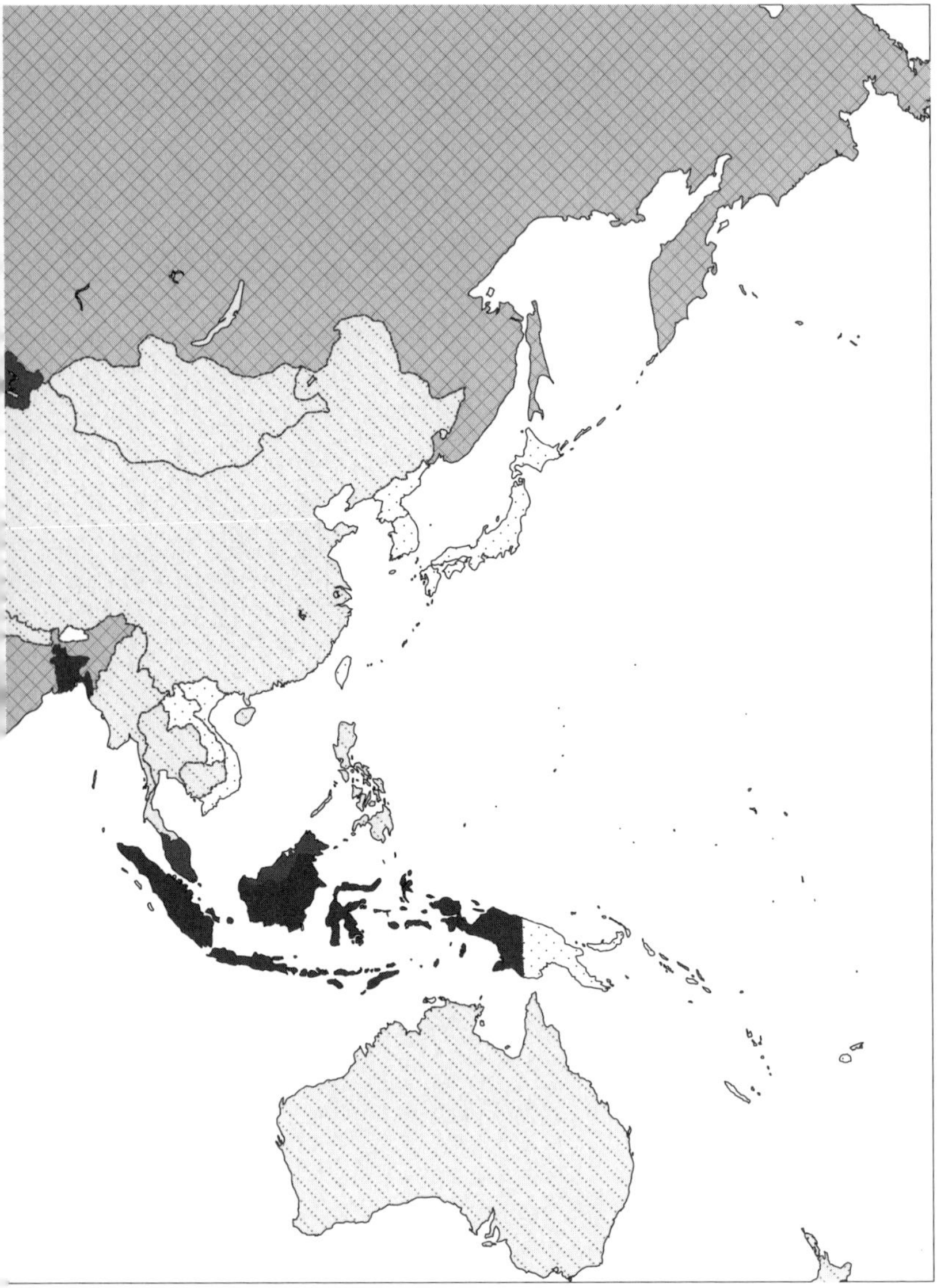

Muslim Population by Country (Pew Research Center,2011) を参考に作成

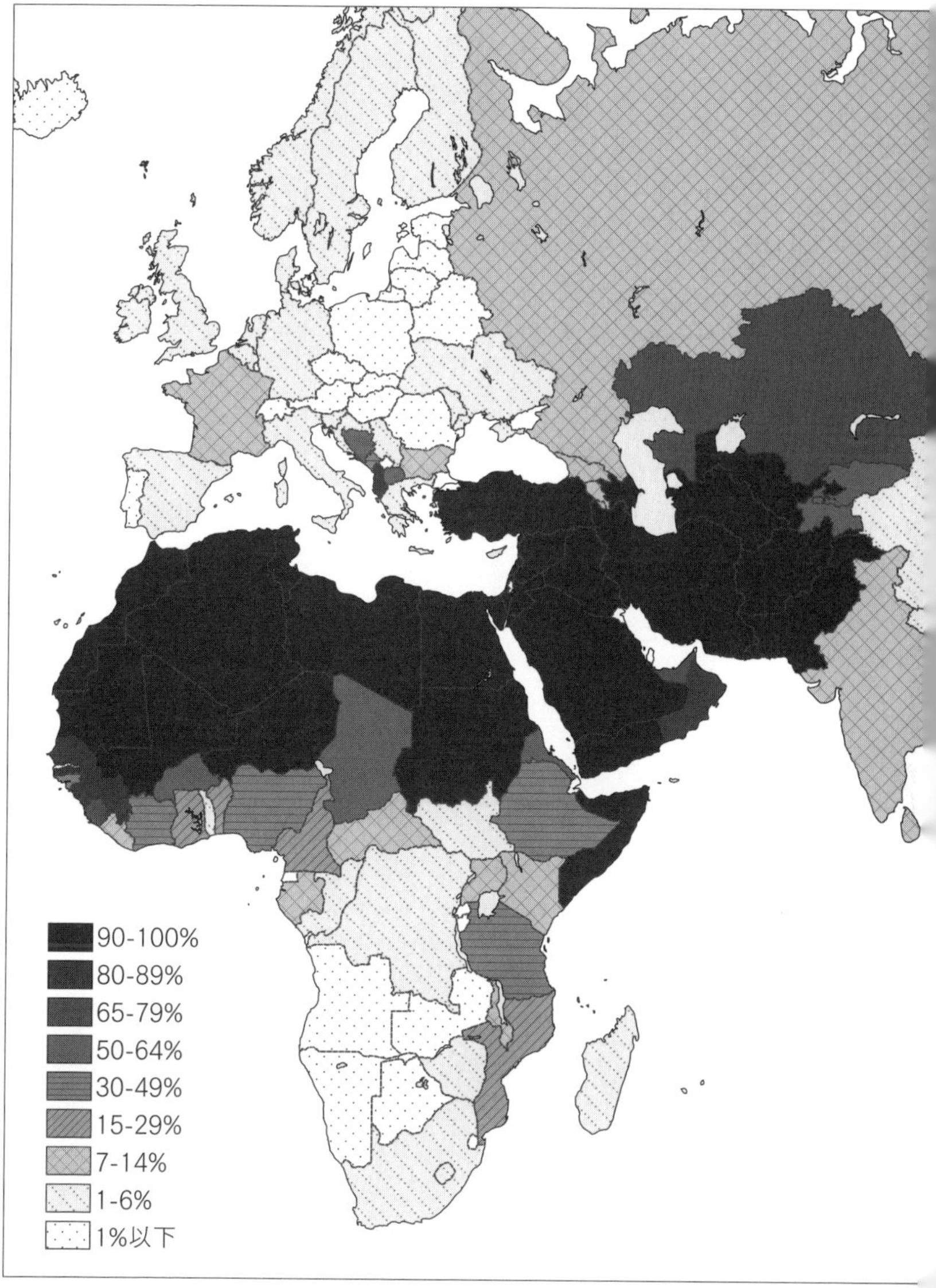

90-100%
80-89%
65-79%
50-64%
30-49%
15-29%
7-14%
1-6%
1%以下

序章

世界を救える国はどこか？

この一年の間に、シリアの内戦が悪化して、難民があふれ出ています。ヨーロッパでは、ドイツ、フランスをはじめ、難民排斥《はいせき》の運動が起きています。テロの脅威と大量の難民……。この状況を救う可能性をもっている国はどこかにあるでしょうか？　もちろん、アメリカではありません。シリア内戦に軍事介入しているロシアでもありません。アメリカもヨーロッパ諸国も、自国のことで手いっぱいです。

では、どこか？

世界で唯一、可能性のあるのが、トルコなのです。そのトルコは難民を二七〇万人も受け入れて、もはや限界と言っていい状況にあります。

ところでなぜトルコなのか。そのことを理解するためには、アラブ世界の現状を少し把握してみなければいけないでしょう。

少数派シーア派と多数派スンナ派

トルコは人口の大半をイスラム教徒が占めていますが、宗教は国家に干渉してはいけないという世俗主義の原則のもとで九十年がたちました。しかし、この十五年ぐらいの間、イスラム政党がずっと政権をとっていて、民意を反映するかたちで、世俗主義の原則をだんだんとゆるめてきました。選挙によってイスラム政党が与党になり、再イスラム化を進めたという唯一の国です。世俗国家というのは、憲法やほかの法の体系がイスラムには基づかない国のことで、わかりやすく言えば、断食やお祈りをしなくても咎《とが》められることはないし、酒もつくっているし飲むのも自由です。

「アラブの春」と呼ばれたアラブ諸国の民主化運動は、トルコに遅れること約十年、独裁のつづいたチュニジア、リビア、エジプトなどで二〇一〇～二〇一二年の間に相次いで起きました。私たちは外から見ていて、一連の動きを単なる「民主化」運動だと思っていましたが、多くの人びとは民意を反映するかたちで再イスラム化を志向していました。しかし、エジプトでは軍がクーデタを起こして、手ひどい弾圧をし、その民意をつぶしてしまった。チュニジアでは、自由な選挙をしたらイスラム政党が勝ったのですが、世俗主義の人たちも多く、いまは何とか双方が協力して国を運営しています。イラクは、「アラブの春」とは関係なく、イラク戦争のせいで分裂してしまい、その狭間《はざま》から「イスラム国」が出てきてしまった。その結果、シリア内戦の悪化に拍車をかけてしまっています。

「アラブの春」で期待された民主化の動きはことごとく失敗し、かろうじて残っているのはチュニジアだけ、ということになってしまいました。

一方、勢いづいているのが、核合意で国際社会への復帰を果たしたシーア派のイランです。シーア派というのは、イスラムを創始した預言者ムハンマドの後継者の一人で、四代目のカリフとなったアリーとその一一人の子孫をとても崇敬《すうけい》する人たちのこと、と思ってください。特定の後継者のことを愛してやまないので、周囲の人たち（スンナ派）からは変に思われることもあります。イランの隣のイラクの過半数はシーア派ですから、事実上イラクの中央政府を味方にひきつけてしまいました。イランはその隣のシリアのアサド政権を支援しています。さらにその隣のレバノンにはヒズブッラー（ヒズボラ）というシーア派の組織があり、これもまたイランが支援しています。

こうして、いちばん東にあるイランから、イラク、シリア、レバノンと、サウジアラビアの北側に、なんとシーア派のベルト地帯ができてしまったように見えます。

シーア派に近いフーシ派という集団を支援するというかたちでイランがイエメンに介入したことを受けて、サウジアラビアもまた自分の隣国イエメンに軍事介入しました。けれども、はかばかしい成果が出ないので焦《あせ》っています。サウジアラビアの北側にシーア派のベルト地帯ができているし、南のイエメンまでイランが関与してくるとなると、スンナ派が多数派のサウジアラビアからすると、「なんだ、これはいったい!?」ということになるのも無理はないのです。

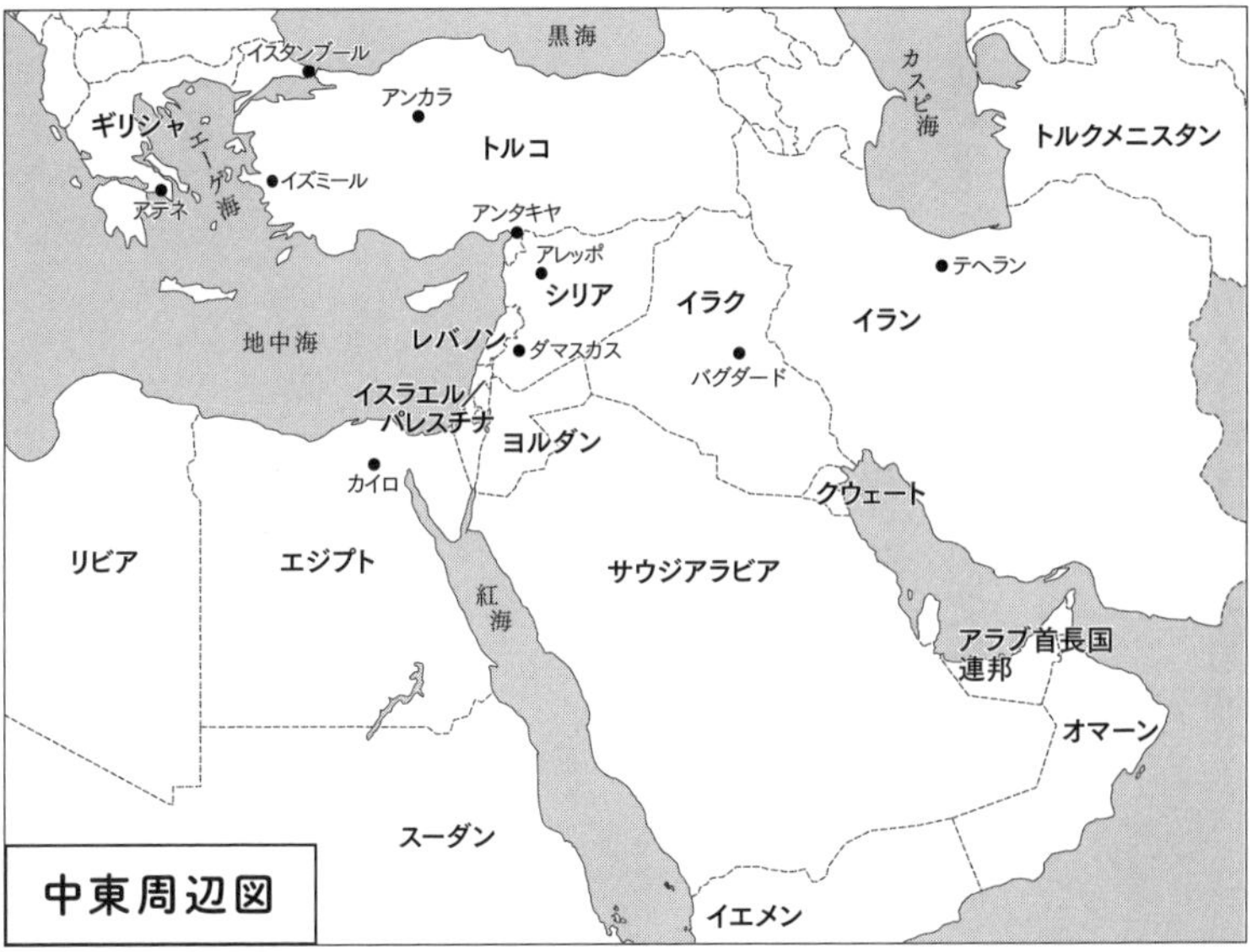

中東周辺図

二〇一六年一月二日、テヘランのサウジアラビア大使館が襲撃されたのをきっかけに、ついに、サウジアラビアはイランと国交断絶。宣戦布告の一歩手前までいってしまいました。

数からいったら一対九ぐらいで少数派のシーア派に、スンナ派の中核にあったサウジアラビアがはさみ打ちにされたような恐怖を抱いているのでしょう。ここでスンナ（スンニー）派についてもひとこと。シーア派が、ムハンマドの後継者のなかの一人であるアリーをとくに崇敬したのに対し、「そんなのおかしい、信徒の共同体のコンセンサスを大事にしようよ」と主張をする人たち、それがスンナ派です。加えてスンナ派は、ムハンマドが生前に言ったことやおこなったことを手本にしなくてはいけないと考えます。その意味では、スンナ「派」とは言うものの、イスラムの分派ではありません。スンナというのは、ムハンマドの言行のことです。

アラビア半島のスンナ派の小国も、サウジアラビアに連帯して、軒並み「うちもイランと断交だ」と騒ぎはじめたのはそういう状況だからです。彼らが主体的にそんなことを決めたわけではないでしょう。

最後の切り札としてのトルコ

こういう状況の中で、ちょっと落ち着けと、両方の国にものを言える国はどこか。

それは、いまやトルコだけになってしまいました。強い軍隊をもっている。しかも、選挙の結果としてイスラム主義の政党が政権を担っているのですから、周囲の国とくらべると民主化も進んでいる。エルドアン大統領の政権については言論弾圧や汚職など、いろいろな問題がありますが、それを差し引いても、イスラムの両派に物申すことができる国、仲介に入ることができる国はトルコしか残っていないのです。

イスラム学者の中田考《こう》先生がおもしろいことを言っていました。エルドアンがカリフ（預言者の代理人としてイスラム教徒の共同体を代表する人）になったらいいんです、と。たしかに、政治家として問題があるといわれていても、「イスラム国」の自称カリフよりははるかにまともなカリフになれそうです。これだけぐちゃぐちゃになって中東の秩序が崩壊しているときに、なにかひとつ秩序のもとになる国がないと、イスラム圏が本当に崩壊しかねないという危機感は、かなりのイスラム教徒に共有されています。

奇しくも、トルコがそういう役回りになってしまったということです。

そのトルコについて、私は、九〇年代の初めから、さまざまなせめぎあいを経験しながら、いまの再イスラム化を達成してきた一連の経過を見てきました。

同時に、ヨーロッパのトルコ移民が過去半世紀の間、どんな苦労をしてきたかも見てきました。最初の頃は、経済的な苦労、社会的に孤立する苦労が主なものでした。しかし、二〇〇一年の九月十一日、アメリカで未曾有《みぞう》の同時多発テロ事件が起きたことをきっかけに、まったく関係はなかったのに、イスラム教徒だという理由で、ヨーロッパのトルコ人（ほかのイスラム教徒の移民もそうでした）が、理不尽な差別にさらされていったのです。

人間、長いこと理不尽な扱いを受けていれば、暴力で反発する人もでてきます。昨年（二〇一五年）の十一月に起きたパリのテロ事件でも、被害を受けたフランスをはじめ欧米の社会は、一斉に、イスラムと暴力を結びつけて議論しました。同年の一月にも、「シャルリー・エブド」という週刊新聞がイスラム過激派のテロに遭いました。テロが非道な暴力であることなど言うまでもありませんし、テロリストに一分の理があるなどとまったく思いません。テロリストがヨーロッパのイスラム教徒移民からでてきたことは事実です。

ただし、彼らをホーム・グロウン・テロリストと呼んで、自分の体内に巣食う病巣のように扱う人もいますが、なぜそういう病巣を生み出したのか、自分自身の言動に問題はなかったのかを省みなければ意味がありません。人間だれしも邪悪なものは外から侵入した、他人が悪さをしたにちがいないと思うものですが、ヨーロッパも自らを省みなければいけません。

偶然の巡り合わせとはいえ、そういう流れのすべてを私は見ることになってしまいました。一九八一年から八三年までシリアに留学し、一九九〇年から九二年まではトルコのアンカラ大学で研究をしてきました。そして九〇年代から、ヨーロッパのイスラム教徒が直面する問題を見てきました。

その意味で、現在の危機を先取り的に見てきた、と言えなくもありません。そんな私が見てきたこの数十年の流れとは、どういうものだったのか。第1章では、この数十年の状況をヨーロッパの中のとなりのイスラム、トルコ移民の目を通して見ていくことにします。

第1章

衝突は「今」起きたわけではない

トルコ移民はヨーロッパじゅうにいる

一九八〇年代の後半、日本でも外国人労働者の問題が出てきます。バブル経済になって働き手が足りない、とくに製造業での働き手が足りないと言われて、当時はまだビザが課されていなかったバングラデシュやパキスタン、イランの人たちが労働者として日本に働きにきました。自動車産業をはじめ、裾野《すその》が広い日本の工業界は深刻な人手不足に悩んでいたのです。法務省は、彼らを「不法就労者」と呼んでいました。あくまで観光の滞在ならビザは要らないということでしたから、働くのなら「不法」だということです。しかしこれは欺瞞《ぎまん》でした。彼らの手を借りなかったら、日本の産業は立ち行かなかったからです。その後は、働いても罪に問われない日系人を雇ったり、技能実習生という名で外国人を安い賃金で働かせていくことになります。

同じことは、もっと前ですが、戦後のドイツにも起きていました。

第二次大戦後、冷戦が激しくなり、一九六一年に「ベルリンの壁」ができます。ちょうどその頃にトルコからドイツに出稼ぎに行く人がどっと増えていきました。トルコから移民した人びとは、東西ドイツが再統一した一九九〇年頃には、クルド人も含めて一六〇万人に達していました。二〇一〇年代に入ると三〇〇万人あまりの人がいたはずです。あいまいにしか言えないのは、ドイツ国籍を取った人は統計上トルコ人とは出てこないからです。日本と大きく違うのは、ドイツの場合、足りない労働力を補うことを政策として決めていたので、合法的に外国人労働者を受け入れたことです。

トルコ移民の研究をしようと決めてからわかったことのひとつが、トルコ移民というのはヨーロッパじゅうにいるという事実でした。たとえば、フランスの移民問題の研究をしようとすると、植民地から来た人たちが中心になります。ほとんどが北アフリカ——アルジェリア、チュニジア、モロッコ出身——の人たち、あるいはマリ、ニジェール出身の人たちです。

ところが、トルコはどこの国とも植民地関係がないので、移民先は開かれていました。数としてみれば主に移民したのはドイツですけれど、オランダでも、スウェーデンでも、オーストリアでも、いちばん多いのは、トルコからの移民です。フランスでも五番目ぐらいに多い。そうすると、ヨーロッパのいろんな国にいるトルコ人を研究すれば、必然、彼らの目を通して見えるヨーロッパ、について考えることになるのです。

ひねくれてますね。素直に、ヨーロッパの研究をしたわけではないので。でも、結果として、少し格好をつけて言えば、イスラム教徒の移民から光を当てたときに見えてくるヨーロッパ像を知ろうとしたことは、いま、まさにヨーロッパがシリア難民の問題で右往左往することになる原因を考えるうえで、大切な基礎となりました。

ヨーロッパに同化せず

イスラム教徒たちが、ヨーロッパに移住してから半世紀以上がたちました。

もう、第三、第四世代の子どもたちもいるのですが、行った先の国がどこであっても、二世以降の人たちのあいだには、イスラム教徒として再覚醒していく人がたくさん出てきました。どの国でも、受け入れた国の期待を裏切って「同化しなかった」のです。

おもしろいのは、同化しなかった理由です。同化しなかった理由が、国ごとにずいぶん違うのです。

ドイツの場合は、イスラム教徒だからという理由で差別はしませんでした。ただし一九九〇年代までのことですが。二〇〇一年の九月十一日にアメリカで同時多発テロが起きてからは、急にイスラム教徒に冷たくなっていきます。最近では、イスラム教徒が増えると、自分たちの国がヨーロッパじゃなくなってしまうからイヤだということを言う人が増えました。キリスト教会が国を牛耳《ぎゅうじ》っているわけではありませんが、政教分離はかなり弱い。〝キリスト教の国〟

としての性格は他の国より強いところがあります。キリスト教の教育を受けることが、子どもの権利として保障されているのです。それは、憲法（基本法）からくる権利なのですが、憲法は当然、イスラムによる教育は保障していません。三〇〇万人ものトルコ人（イスラム教徒全体では四八〇万人近いといわれています）は、その子どもたちにイスラムの教育をする権利は保障されていないのです。

となると、イスラム教徒の移民は、「いてもいいけれど、宗教的・文化的には居場所がないよ」と言われているようなものです。

しかもドイツの場合、人種と民族によって差別するところは、依然として消えていなかった。私は、ずいぶんトルコ人たちからそういう声を直接聞きました。戦後の日独の比較で、「ドイツは第二次大戦後徹底した非ナチ化を進めて変わったと言われているが、そう思うか？」と聞くと、トルコ移民からは「まったくそうは思わない」という言葉がまず返ってきました。もしユダヤ人を非道なやり方で迫害した、その根源的な問題を本当に解決したのなら、なぜ自分たちはこんなに差別されるんだ、と。そういう思いを抱きながら、その中で自分たちは何者として生きていくのか。このことは、とくに若い人たちには、深刻な問題でした。

その問題に対するひとつの答えとして、自分たちのアイデンティティを、「トルコ出身者」

ではなくて、「イスラム教徒である」、というところに見出すのです。
「オレの祖国は、アタテュルク（トルコ建国の父）という偉大な指導者がつくった国だ」とトルコからの移民が言ったところで、ドイツ人には暖簾《のれん》に腕押しです。「あ、そう、アタテュルクってどういう人？　オレ知らんわ、そんな人」となる。ところが、「オレ、根性入ったイスラム教徒なんだ」と言うとドイツ人は急に身構えます。ドイツ側が身構えれば身構えるほど、若者たちは胸がすっとしたんです。これも、移民たちのあいだに再イスラム化が進行していくひとつのかたちでした。

「オランダ人みたいになってほしくない」

興味深いのがオランダで、この国では九〇年代のおわりまで、まったく差別というものがありませんでした。オランダでは個人の自由が、最大限に保障されています。売春街はいまだに大っぴらに営業しているし、大麻についての規制もゆるく、街中で〝コーヒーショップ〟といっているところは、コーヒーを飲ませてくれるところではありません。マリファナを吸うところです。

そこまでいくと、トルコ移民たちもなんて国だと思うらしいのです。酒はある、麻薬はあ

ベルリンのトルコ人街、クロイツベルクの街角。トルコをはじめ中東からの移民向けの商品を売る店。こういう店が移民たちの生活を支えていました。野菜、果物、缶詰から水までトルコのものでした。(1989年撮影)

る、売春はある、すべて自由だ！　もちろん、移民した最初の頃はちょこちょこと〝お試し〟しちゃったようです。何事もなければ、そのまま自由を味わいながらの移民生活になったのかもしれませんが、一九七三年に第一次オイルショックが起きます。それが契機となり、ヨーロッパの国々は、新規外国人の受け入れをやめる方向で動き出します。新たな移民は受け入れない代わりに、それまでに合法的に移民していた外国人には、「家族の呼び寄せはいいですよ」という政策を各国がとる。このとき、これでもう会えなくなるんじゃないかと不安になった故郷の家族は、移民先の国々へどっと殺到します。ヨーロッパでは、別れて暮らしていた家族が一緒になるのは基本的人権として認められていたので、杞憂《きゆう》にすぎなかったんですけどね。

オランダでもフランスでもドイツでも、同じことが起こりました。そのとき、オランダに移民していたイスラム教徒には、別の不安が頭をもたげます。自分の妻や子どもがオランダに来て、すべての欲望が叶えられる社会に染まったらこれはたいへんだ、と思ってしまった。それで、まず親父さんたちが、急に心を入れ替えて、モスクに通いはじめ、お祈りも欠かさず、酒も飲まなくなります。

私もインタビューをしていてこの話はよく聞きました。「オランダのテレビドラマを見てみろ、不倫ものばっかりだ。これを見てね、とんでもないと思った。自分がイスラム教徒であったことを神に感謝したよ」。なにしろ、アラブ人もトルコ人も、ひどく嫉妬《しっと》ぶかい人たちが多い。自分は遊んでしまったくせに、自分の妻がオランダの自由に染まってしまったらどうしようと、ひどく心配になったのです。

そんな話が再イスラム化の動機としてよく語られていました。妻だけではなくて、自分たちの子どももオランダに染まってほしくないと思うから、信仰に基づいて育てようとしました。

オランダという国では、多文化主義が制度として整っています。カトリックの人はカトリックの社会で生きる権利がありますから、カトリックの学校や病院、メディアまでもっています。プロテスタントの人にも、無神論の人にも、同じ権利があります。そして二十世紀後半に労働者としてオランダにやってきたイスラム教徒にも、同じ権利が与えられたので、彼らはイスラムの小学校や中学校をもつことができたのです。私立ではありません。国や自治体がお金を出す公立校として、です。

ただ、このイスラム回帰には問題もあったのです。子どもの教育もイスラムの教えに従おうというのはいいとしても、それを徹底していくと、オランダ社会との接点がなくなってしまう。相手はなにしろ昼間から酒でもマリファナでも自由な国ですから、そういう場所そのものから家族を遠ざけていくと、結果的に孤立が進んでしまうのです。

オランダ人にしてみれば、イスラム教徒の移民たちも自由にさせておけば、いつか自分たちと同じように、個人主義で自由を謳歌《おうか》するようになるさ、と思っていたら、そうはならなかった。個人主義に背を向けて家族でかたまる、イスラム教徒どうしでかたまる、オランダのテレビは見ないで母国の番組ばかり見ている……。実際、衛星放送のアンテナをつければ、トルコだけでなく中東諸国の放送はほとんど全部見ることができるんです。移民たちが多い西アムステルダムに行くと、衛星放送のアンテナがみごとなほど同じ方向を向いている。みな、中東の放送を受信できる衛星の方向に向いているんです。

これでは、オランダに暮らしているのに、日常の生活は、トルコと変わりません。オランダのトルコ人たちは、フランスやドイツのように、イスラム教徒、あるいはトルコ人に対する差別があって、その反動で、イスラムに回帰したわけではないのです。自由すぎてしまったがゆえに、イスラムの道へと帰っていったのです。

オランダ社会にとってはショックでした。そして、二〇〇一年の9・11同時多発テロのあと、オランダ社会は、突然、自分たちの隣人であるイスラム教徒が、あまりにオランダ社会の基《もと》をなしている「自由」とはかけ離れた生活をしていることに気づきます。気づいただけでなく、ひどく驚き、慌て、「なんだ、こいつらは! こんなにかたまって孤立しているとテロリストが出てくるかもしれない」と恐怖にかられてしまいます。

リベラルの国でなぜ排外主義が起こったか

冷静なオランダ市民はだんだん減っていって、イスラム教徒はオランダにはいらない、出ていってほしい、『コーラン』など禁書にしてしまえ、という露骨な差別を主張する政治家が力をもっていきました。

いまもヘルト・ウィルダースという政治家が、移民は出ていけ、難民の受け入れなどとんでもないと叫んでいますが、この人の政党の自由党は、決して極右ではないんです。

そもそも、オランダという国は宗教ひとつとっても、カトリックもいればプロテスタントもいるしユダヤ教徒もいる。そこに二十世紀後半からは移民のイスラム教徒も加わってできています。無宗教の人ももちろんいます。

文化の多様性を国の基本にしている国ですから、「極右」を想定できません。「極右」というのは、何かその国に一本の柱が通っていると信じて、それにしがみつこうとする人たちのことですが、オランダはたくさんの文化の柱ができていたのですから、そのうちのひとつにしがみついたところでナショナリズムを高揚させたりできないつくりになっているのです。移民や難民に出ていけと言い、イスラム教徒なんていらないと言っている排外主義者は、元はリベラル。リベラルというのは、自由主義のことですが、個人の自由を重んじるというのも、度が過ぎると、他者に干渉されるのは真《ま》っ平《ぴら》ごめんだということになる。こういう人のことを、リベラルが暴走すると出てくる「リバタリアン」と言います。

この国の排外主義者は、「イスラムはおそろしく押しつけがましく、個人の自由も、人間の主体性も認めない。そんな宗教の信者がいること自体が嫌なんだ」と主張するのです。イスラム教徒の側はオランダ社会に干渉などしません。ただ、背を向けてしまっただけなのですが、そういう人間が同じ社会にいることが許せなくなる。それが今、ヨーロッパで大きな問題になっている排外主義の新たな潮流なんです。

度が過ぎたリベラルというのも、異文化との共生を破壊する危険性をもっています。ドイツやフランスの場合、伝統的に外国人嫌いは極右の主張でしたが、いまや、ヨーロッパ各国では、ナショナリズムに寄りかかって外国人排斥を叫ぶのではなく、俺たちの文化を守る自由を認めてくれ、イスラムという宗教から離れて暮らす自由だって認めろよ、というかたちで排外主義を叫ぶようになっているのです。

ここは、重要なポイントですので本書の最後でもう一度考えることにします。

かつて、アンネ・フランクの悲劇を経験したオランダは、異文化に対して寛容な国でした。しかし、その面影は、いまやイスラム教徒を相手にするかぎり、まったくありません。

文化の狭間でアイデンティティ喪失が起きる？

こういう研究は実際にその国に足を運んで移民たちに話を聞かないとできないことです。文献から結論を引き出せるかというと、それは無理です。そもそも、同時代に起きていることは、検証を経た文献として出てきません。

たとえば当時、そういう移民問題を研究していたドイツの社会学者たちはだれもが、移民の二世はドイツの文化とトルコの文化の狭間に落ち込んでしまって、アイデンティティを失っているという見方をしていました。でも、実際に移民たちの状況を見て彼らの話を聞いていた私は、ちょっと待てよ、と思っていました。

たしかに、ティーンエイジャーたちはやんちゃしていましたし、いろんな理由で学校をやめてしまう子も多かったのです。しかし、ドイツの社会学者たちはいったいどういう心の状態をアイデンティティ喪失と想定しているんだ？　という疑問を私はもっていました。

けれど、いくらドイツの社会学者と話しても、「アイデンティティ喪失だ」と言うばかりです。彼らのふるさとであるトルコの村の伝統文化とドイツの都市文化とのあいだで、折り合いをつけることができず「アイデンティティを喪失した、している」と言うのですが、ドイツの学者たちはイスラムのことも、彼らの母国のこともほとんど知りませんでした。

実際、彼らは大きな間違いをしていました。アイデンティティの問題とは、個人が確立していくプロセスで、自分は何者として生きているのか、という問いと向き合うことです。しかし、トルコ人の若者たちの多くは、「個」というものが何なのかを知りませんでした。彼らの母国で支配的であった人間観は、個人主義を嫌っていましたし、多くの人が、それこそ家族の崩壊をまねくもとだと思っていました。

若者たちは、それがドイツの若者とはひどく違っていることに気づいていました。だから、学校や外の社会にいるときは「個人」が重視され、家に帰ると「家族」が重視されることに苛々《いらいら》していたことは確かです。

しかし、二つの文化の狭間に落ち込んでしまうというのは、どうも、当たっていませんでした。適当に折り合いをつけることに慣れていく子もいましたし、トルコの伝統なんて知ったこっちゃないと反発した子もいましたし、どうもドイツの個人主義は性に合わないからトルコの伝統に戻ろうとした子もいたということなのです。

そのなかで、ドイツが性に合わなかった若者たちは、結局、伝統的なトルコ文化ではなく、イスラムに接近します。そのイスラムは、肌で知っているようなものではありません。ドイツに来てから本で学んだり、先生から習ったものです。それでも、イスラムに従って生きる道を選ぶようになったのです。

移民の若者たちがトルコという「民族」を掲げたって、彼らはヨーロッパで生まれ、育っているのですから実感がありません。それに、民族というのは、他の民族と競ったり、争ったりするときには俄然、強さを発揮するものですが、日常の生活に安らぎを与えてくれるものではありません。

それより、正しく生きるための方法や生きることの幸せをイスラムは与えてくれましたから、そちらを選ぶようになっていったのです。戒律でがんじがらめに縛《しば》られるのではないかと思われがちですが、イスラム教徒というのは、神が下した法の枠のなかでなら、存分に楽しんで生きる人たちです。これは、正しいのか、間違っているのか、その判断を自分で下す必要がなく、神に委ねればいいからです。神に委ねるというのは、神の言葉を記した『コーラン』や預言者ムハンマドの生前の言行（スンナ）に従うということです。

ただし、親たちの世代に聞いても、イスラムのことなど知りません。親の世代は、トルコでの教育を十分に受けないまま出稼ぎに来ていました。子どもたちは、まがりなりにもヨーロッパで教育を受けてきました。そこで新たにイスラム的な生き方をするには、先生が必要です。知識として、イスラムを一から学ぶことが必要です。その役割は、いくつかの大きなイスラム組織が果たしました。

ただし、ここには問題もあります。イスラムにはキリスト教のカトリックのようなピラミッド型の教会組織がない。そのため、イスラム教徒の組織と言っても、考え方は同じではありません。イスラムの教えよりも、その国の法律を大事にするよう説くところもあれば、国の法律など、しょせん人がつくったもの、神の法としてのイスラムのほうがより上位にあり、大切なんだと説く組織もあります。後者は、行き過ぎると、国の法など守る必要ない！と叫んだりします。過激派と呼ばれるのはこういう組織のことです。

数十年前、現地で移民たちの聞き取り調査をするなかで、孤立したイスラム教徒たちの暴走こそがもっとも危ないと思ったものでした。

政教分離も「自由」もイスラム教徒には意味なし

フランスでもいろんな犯罪が起きると移民の若者のせいにされました。フランス社会は、ふたこと目には、もっと啓蒙してやらなきゃいけないと言う。けれど、それはとんでもない勘違いだと私は思っていました。

自由・平等・博愛（同胞愛）が理念だという国に暮らしながら、多くの移民たちは自由でもないし平等にも扱われなかったし愛されてもいなかったのです。

その人たちに向かって、たとえて言えば、上から馬乗りになるようにして、「さあフランスに啓蒙されろ」、とやったわけです。

そのせいでむしろ、移民二世たちが余計にフランス社会に背を向けたということには気づかなかったし、気づこうともしなかったですね。

フランスの場合、厄介なのは、この国がほかのヨーロッパ諸国にはない、独特の世俗主義をもっていたことです。ライシテと呼ばれるのですが、これはフランス共和国の背骨といってもよいほどの原理・原則で、とにかく公の領分には宗教組織はもちろん、個人であっても宗教をもち込むことを認めない。

フランス自身の歴史のなかで、カトリックの教会組織とどれだけ闘ったか。その結果、市民が個人としての自由を獲得したか。理性に基づいて判断し、ものごとを決定する合理主義を手にすることができたか。人権や民主主義を確立できたか。これらについては何も申し上げる必要はありません。ライシテの原則が公的領域の非宗教性を維持することによって、信仰をもつ個人は内心の自由を確保できるし、もたない人は宗教的な規範に縛られることなく生きる自由を得られるのです。すばらしい発明です、ヨーロッパの市民にとってはね。

しかし、イスラム教徒には、これはまったく通用しません。すごく単純化して言えば、イスラム教徒には、「神から離れて人間が自由になる」という観念も感覚もまったくないからです。ライシテというのは、「神から離れる」というよりも「教会」から離れることで人間が自由になれるという考え方だと思うのですが、結果的には、キリスト教の信仰を個人の胸の内に閉じ込めることに成功しました。一九〇五年にフランスは「国家と教会の分離法」という法律をつくります。フランスの行政や司法、立法や公教育にキリスト教の出る幕はなくなったわけです。

イスラムには、キリスト教、それも正教会やカトリックに典型的な、教会の組織というものがない。ここが大切なところですが、建物として教会に似ているのがモスクで、集団礼拝のために集まりますが、しかし、モスクに信者が帰属するという発想はありません。モスクが教区の信者を管理するという考え方もないのです。そもそも、カトリックや正教会のように、聖職者という坊さんもいません。ですから位階のある聖職者なんて、当然、いません。

少し細かいことを言うと、シーア派には学者のランクがあり、イスラム指導者が国を率いているので教会組織のように見えますが、多数を占めるスンナ派には存在しません。

ですから、教会が人民を支配したり、教会が自由の妨げになったりするというようなことは、イスラムでは起きません。

結果として、フランスのイスラム教徒は、政教分離や世俗主義と言われても、何と何を切り離せと言われているのかわからなかったのです。いまでも、わかっていません。イスラムには、国家や公の領分から切り離すべき「教会」が存在しなかったからです。

それでもフランス側は、個人としても信仰を公の領分にもち込むな、と命令しつづけます。もち込んだからといって、教会をもたないイスラムが国家に影響を与えることなどほとんど想定できなかったのに。なかでも、女性のイスラム教徒が髪や喉元、うなじなどを覆い隠すスカーフやヴェールは「イスラムのシンボル」だ、公の場にもち込むのは禁止だと執拗《しつよう》に攻撃されました。ついに、顔をすっぽり覆うタイプのものは、公の場所で着用すると罰金が科されることにまでなりました（二〇一一年施行）。

テロ対策のためではありません。とにかく、公の場所に「イスラムのスカーフ」をもち込むなと言うのです。フランス社会には、いまでもスカーフがイスラムという宗教のシンボルだと信じている人がたくさんいますが、あれはシンボルではありません。隠しなさいというのは、イスラムに由来する規範です。しかし実際にかぶっている人に聞くとすぐにわかりますが、髪の毛をあらわにするのは恥ずかしいから隠すのです。

それを脱げと命じる。これってセクハラじゃありませんか。これでは、何の悪意も暴力性もなく信仰に従う人たちの居場所を奪っているも同然です。

フランスにおけるイスラムの問題とは、ライシテが大切かどうかの問題ではないんです。フランス市民ではあっても、再度イスラムの覚醒を経験した人には、ライシテは理解できず、受け入れられるものでもなかったのです。それに気づかないまま半世紀以上、ライシテに従え、公の領分には個人も宗教的なシンボルをもち込むな、の大合唱をつづけてきました。

どうしてトルコからの、あるいは他のイスラム世界からの移民が、ヨーロッパの地で再イスラム化することになったのか。その理由は国によって違いますが、結果としてヨーロッパ全体では同じ傾向があらわになったわけです。

ひとことで言えば、どこの国にも居場所を得られなかったイスラム教徒の移民たちが、最後にアイデンティティを再びイスラムに求めた、ということです。

衝突の争点が民族・人種ではなく、宗教になった

現地に行って人に会って話を聞くというのは、調査方法としてはまったく古臭いやり方かもしれませんが、それをしないことには「となりのイスラム」はわかりません。ヨーロッパのイスラム教徒のことを理解したいのなら、学者の声ではなく、当人の声を聞かなければなりません。

フランスの場合、移民に多いのはトルコ系ではありません。アルジェリア、チュニジア、モロッコなどフランスがかつて植民地支配した国々から、労働移民としてやってきた人が多くを占めています。

フランスでは「郊外」のことを「バンリュー」と言いますが、決して良い意味ではありません。移民が数多く暮らしているのが、この「バンリュー」にある低所得層向けの公共住宅でした。十年ほど前まで本当に住環境の悪いところが多く、将来の希望もなく暮らしている若者が大勢いました。

そういう彼らの思いを直に聞き取ることをしないで、彼らの気持ちを理解するのは困難で

す。私も、こういう地区では、いきなり彼らの家を訪ねることなどできません。郊外にあるイスラム組織や支援団体を通じてしか、彼らに接することはできませんでした。外国人である私が、彼らの日常にずかずかと踏み込むことなどありえません。

これらの地区では、警察と移民の若者たちとの衝突が絶えません。二〇〇五年の十月二十七日には、警官隊に追われた北アフリカとトルコ出身の少年が変電所に逃げ込んで二人が感電死、トルコ人の少年一人が重傷を負うという事件が起きました。それで暴動に火がついたのですが、悪いことに警察を統括する内相のニコラ・サルコジ（後の大統領）が、「郊外」に行って若者たちに暴言を吐いたため、さらに事態が悪化。あっという間に、あちこちで車を焼き討ちにするなどの暴力事件に発展しました。サルコジ内相は、移民の若者の犯罪に対してゼロ・トレランス（不寛容）で臨むと言明したのです。

フランスには、良心的な学者や政治家、ジャーナリストもいます。しかし彼らは、これは「バンリュー（郊外）の格差問題」なのであって、アルジェリア系だから、アラブ系だから、あるいはトルコ系だから差別しているのではないと言い張りました。

当の移民たちにとっては、おためごかしに過ぎません。彼らは、個人として差別されたなどと思いません。アルジェリア系だから、マグレブ（北アフリカ）系だから、アフリカ系だから差別されたと思っていました。

しかし、その思いは9・11のテロ事件以降、つまり二〇〇〇年代に入ると、イスラム教徒だから差別されていると確信する方向に傾いていきます。フランス側もイスラム教徒女性のスカーフやヴェールを執拗に批判してきましたから、ついに、衝突の争点は民族や人種ではなく、宗教になってしまったのです。

フランスにかぎらず、人種(肌の色)や民族を理由に攻撃してはいけないということは理解されています。ヘイト・クライムとして法律で禁じている国もいくつもあります。

しかし、ことが宗教になると、かなりひどいことを言っても許される場合が多いのです。ひとつ例をあげましょう。今のヨーロッパ諸国では日常的に言われていることです。

「イスラム教徒なんて、テロを起こすんだから出ていけ!」

こういう台詞《せりふ》はヘイトスピーチとして罰せられるでしょうか。たしかに、イスラム教徒には、ごく一部ですがテロを起こす人がいます。それは否定できませんが、言うまでもなく「イスラム教徒=テロリスト」でも「イスラム=暴力の宗教」でもありません。ある特定の民族を指して「テロリストの民族」と呼んだら処罰されますが、イスラム教を「テロリストの宗教」と呼んでも、実際には罰せられないのです。

なぜイスラムに対しては、ヘイト・スピーチが許されてしまうのでしょう。それは、イスラムという宗教が西欧社会の普遍的な価値である自由や民主主義に反しているという思い込みが、西洋に浸透しすぎているからです。

『最強のふたり』に見るパリ郊外の劣悪な環境

パリ郊外の劣悪な環境の団地に住む若者たちが、いったいどんな暮らしをしていたのか。そのことを垣間見ることができる映画があります。日本でも評判の映画でしたのでご覧になった方もいると思います。『最強のふたり』(原題:*Intouchables*)という作品です。この作品の主人公、オマル・シー演じるドリスが住んでいるのが、まさにパリの北から東の郊外に広がる公共住宅群です。

麻薬の売人たちが行き来するなか、必死に低賃金の清掃業で子どもたちを育てるドリスの母親。悪い連中の仲間に入ろうとする弟を引き止めるドリス。

映画は、フランスの「スラム街」に住むアフリカ出身の若者と、首から下を動かせないという障がいのある大富豪との心の交流を描いています。ただ、あの地区は、スラムではありません。低所得層向けに行政が用意した公共住宅群です。

私たちが見ていないだけなのですが、パリの空の玄関、シャルル・ド・ゴール空港から市内に向かう鉄道RERのB線は、この「郊外」を通っています。一度、各駅停車でパリ北駅まで乗ればわかります。乗客に白人のフランス人はほとんどいません。

もう少し、この映画の話をさせてください。ドリスという人、映画の中では、全然、イスラム教徒らしくありません。お祈りなどはしませんし、それどころか、雇い主にマリファナを勧めたり、ナンパしたり、泥棒したりと、およそイスラム教徒としては、やってはいけないことをします。

しかし、雇い主であるフィリップへの接し方、人を見下すフィリップの養女への怒り方、弟、妹、母親とぶつかりながらも、優しさを秘める接し方、どれをとってもドリスの気持ちというのは、ものすごくイスラム的なのです。

敬虔《けいけん》なイスラム教徒がこの映画を観たら、こんな生き方はイスラムに従ってはいない、と怒るかもしれません。しかし、イスラム教徒ではない私の眼から見ると、彼の行動はイスラム的に見えます。

突き詰めて言えば、それは、分け隔てをしない他者への接し方です。人と人との間に「線を引かない」態度と言ってもよいでしょう。イスラムでは、本当に、神の下にある人間は平等。

人間どうしの間に身分の差というものを認めません。人種、民族、出身国などによって線を引くことはありません。このことは、イスラム教徒でない私にとって、イスラムの人間観、社会観のなかでもっとも尊敬すべき特徴です。

映画のモチーフとしては、そういうドリスのフィリップに対する接し方が、気難しいフィリップの心を溶かしていくように描かれていますが、それこそ、イスラムそのものであると私には思えるのです。そして、フィリップ自身が、だんだんと大富豪の雇い主としてでもなく、移民やイスラム教徒を腹の底では蔑《さげす》むフランス人的にでもなく、ひとりの人間としてドリスとつきあうようになっていきます。

ドリスは、相手を障がい者だから、大富豪だから、と人間に線を引いて接しようとはしません。もちろん、郊外の移民の出身ですから、白人のフランス人への反感はドリスにもあります。しかし、本質的に、他の人に対して「差別」や「区別」をするという観念がないのです。

映画の途中で、ドリスが自分の家族は複雑なんだとフィリップに打ち明けます。名前も、仲間がつけたイドリスから〝イ〟が落ちたからドリスだけど、本当の名前はバサリという別の名だとも。ちなみに、イドリスというのは、イスラム教徒の名前によくありますが、古代の預言者、方舟《はこぶね》で有名なノアの祖先にあたる人です。英語だとイノックになります。ヨーロッパ風の名前、ドリスが実はイドリスだったと明かされるシーンに、ちょっと驚きました。

新しいかたちの世界戦争になりかねない

フランスの国家理念は自由・平等・博愛(同胞愛)といいますが、そのもとにあるのは、強烈な国家主義です。ですから、何かというと戦争を起こします。北アフリカを植民地支配し、そこから独立をめざしたアルジェリアでも戦争を起こします。最近では、アメリカ主導のイラク戦争には乗りませんでしたが、西アフリカのマリでイスラム過激派が暴れだすと、即座に派兵しています。

いくら自分の国で、自由・平等・博愛(同胞愛)を説いても、外ではフランスという国家の権益を守るためなら何でもする。フランスという国に、身も心もささげるなら愛してやるし、平等に扱ってやると言いながら、陰ではいくらでも差別をする。

イスラム教徒移民の目を通してフランスを見てきた私は、こんなことをつづけていると、いつかイスラム教徒の側が暴力でフランスに歯向かうことを予想していました。

先日、大学の教員としてフランス研究をしている昔の学生から「先生は二十年前から同じことを言っていましたよね」と言われました。進歩のないことですが、状況は年を追うごとに悪くなっていったので、同じことを言いつづけてきました。

二〇一五年、「シャルリー・エブド」に対する襲撃事件とユダヤ系スーパーマーケットへの襲撃事件、それにパリでの同時多発テロ事件が起きた今、どうして暴力をとめることができなかったのかを考えるとつらいです。決して暴力を肯定することなどできない。しかし、問題はいじめと似ています。どんなに理不尽にいじめても、相手は暴力で応答しないと思い込んでいたなら、あまりに思い上がりがすぎるというものです。

十年ほど前に郊外の若者たちが乱暴狼藉《ろうぜき》をはたらいたときには、まだ、イスラム過激派の影はありませんでした。しかし、すでに郊外には無数のイスラム組織がありました。全部ではないですが、暴動を起こした少年たちのかなりの部分を彼らは吸収したのではないかと思っています。極端なことを言えば、二〇一五年十一月十三日に起きたパリの同時多発テロの首謀者たちというのは、そういう中から出てきた、とも言えるでしょう。

私は確信して言います。

ヨーロッパの市民よ。これ以上の衝突を起こすなかれ。相手は一五億か一六億か、数えることなど不可能だ。これ以上イスラムとの間に衝突を引き起こすと、新しいかたちの世界戦争になりかねない、と。

一刻もはやく、そこに気づいてほしいと説きつづけるだけです。

じゃあ、ヨーロッパが一方的に悪いのかという批判もよく受けます。もちろん、そうではありません。「イスラム国」が悪い、アル・カイダが悪い、イスラム過激派が悪い――それはみなそのとおりです。しかしそれ以上に、イスラム教徒の母国が一番悪いのです。イスラム教徒が安心して暮らし、国家が少しでもイスラム的な公正や正義をおこなっていたら、イスラム教徒はヨーロッパやアメリカには行きませんでした。まして、テロなど起こしませんでした。

けれど、いま世界が直面しているテロや暴力の問題は、軍事力で、空爆すれば解決するのか。それだけはぜったいにありえないと確信しています。あとで少しずつ、話を進めますが、あれだけ寛容で優しい心をもつイスラム教徒が、なぜ、暴力に走ったのかを明らかにしないで、イスラムという宗教が暴力的だからこういうことになった、と言うのは、間違いであり、世界を危機に陥れることになります。

今となっては、欧米諸国の人びとは、総じて頭に血が上っていますから聞き入れてはくれないでしょう。だからこそ、『最強のふたり』をもう一度観てほしい。あの映画には、衝突ではなくて共生を実現するための知恵があふれています。フランスでも興行成績で一、二を争う作品だったのです。人間としてのイスラム教徒を知ることに、何も難しいことなどありません。

第2章
イスラム教徒とは、どういう人か

「イスラムする」ということ

前章で、ヨーロッパ世界とイスラム世界の対立の種は、数十年も前から移民問題、つまりヨーロッパの人たちにとっての「となりのイスラム」のなかに撒《ま》かれていたことを書きました。忘れてはならないことは、ヨーロッパ的価値観を啓蒙するというやり方では対立は深まる一方だということです。むしろ必要なのは、私たちのほうがイスラム教徒に近づくこと。そのためにはイスラムとは何か、を少しでも理解することでしょう。

私はイスラム教徒ではないので、「イスラムとは何か」を語るにふさわしくありません。そのことはよく自覚しています。あくまで、非イスラム教徒としてイスラム教徒がどういう人たちに見えるかという話としてお読みください。

語源的にいえば、イスラムとは、唯一絶対の神、アッラーに従うことです。呼び方としては、イスラム教と言ってもイスラムと言ってもいいのですが、大事なことはイスラムというのは「イスラムする宗教」であるということ。「唯一絶対の神、アッラーに従う」ということ。それが「イスラムする」ということです。「イスラムする人」、つまりイスラム教徒のことをアラビア語ではムスリムと言います。英語でもMuslimです。細かいことを言うと、英語では区別をしませんが、アラビア語では男性がムスリム、女性はムスリマになります。

ところが、この「唯一絶対の神、アッラーに従う」を、欧米の世界では「神に絶対的に服従する」から、イスラムは人間の主体性というものを認めない、理性というものを認めない宗教だろうと思い込みます。

これは欧米の誤解のひとつです。

「唯一絶対の神、アッラーに従う」は、もうひとつ別の解釈もできます。それはこの世のことすべてを「唯一絶対の神、アッラー」に委ねることだ、という解釈です。神様がすべてを引き受けるのだから、神様の指示に従いなさい、という論理になる。逆にいえば、神様に従うのだから、物事の結果は神様によるのです。

イスラムにおける「自分たちはすべて神様に従う」という意味は、これなのです。私たちイスラム教徒ではない人間からすると、物事の結果をすべて神様に「丸投げ」しているようにも見えます。

たとえば、試験に受かっても落ちても、商売がうまくいってもいかなくても、神様に従っている（丸投げしている）のであれば自分には責任がない。「唯一絶対の神、アッラーに従う」かぎり、自分に責任が降りかかってこない、ということでもあるのです。

なぜ世界の四分の一の人口がイスラム教徒なのか

「神に従属する」と聞くと、「主体性がないんだなあ」と思う人もいるかもしれませんが、「神様にすべてを丸投げする宗教である」と言ったら、それはまた気楽な宗教じゃないか、と共感する人もいるはずです。そもそも、そういう楽な面がないとイスラム教徒が増えるわけがないと私は思います。これも、信者の方は別の見方をしますので、あくまで私なりの見方とお断りしておきます。

高校の世界史でも学びますが、「イスラム教徒はなぜあんなに増えたんだろう？」という疑問をもたなかったですか？　交易を通じて広まったとか、いろんな説明がありますが、私にはどうもうまく説明できているとは思えない。東南アジアからアフリカまで、一五億とも一六億ともいわれるイスラム教徒がいるわけですから、それに見合った理由があるはずです。

やはり、「この宗教と一緒に生きていれば楽になる」というような感覚がないと信者は増えないのではないか。宗教のもつ「救い」というのはそういうものではないかと思うのです。

都市で生まれた商人の宗教

イスラムにはキリスト教の「原罪」という感覚はありません。単純な話で、「生まれてきた赤ん坊に罪なんかないだろう」ということです。キリスト教では生まれながら人間は「原罪」を背負っていることになっていますが、イスラムにはそういう〝辛気臭《しんきくさ》さ〟はありません。

イスラムの大きな特徴は、商売人の宗教として生まれたということです。ここはよく誤解されていますが、沙漠の宗教でも、遊牧民の宗教でもないのです。イスラムは都市の商人の宗教として誕生した。ここはとても重要なところです。

哲学者の和辻哲郎に『風土』（一九三一年）という有名な本があります。この本は、アラビア半島のことを知らなかった当時の日本人にとんでもない誤解を吹き込んだかもしれません。〈この乾燥が陰惨な山となり、物すごい砂原となり、（略）さらに遊牧となりコラン（コーラン）となる〉と『風土』には書いてあるのですが、それは違う。われわれが勝手に外からみて、沙漠気候のアラビア半島で生まれた宗教だからという思い込みからそう考えているだけで、本来は、都市で生まれた商売人の宗教がイスラムです。

それにしても、こういう外の人間たちが勝手に抱いた〝思い込み〟というのは、とんでもない悪影響を及ぼすことにもなります。

『アラビアのロレンス』という映画（一九六三年日本公開）があります。映画の冒頭、イギリス陸軍の将校であるロレンスが、案内人の男と旅をしている。道中にある井戸で水を飲むのだが、その井戸は男の部族のものではなかった。そこに最近亡くなったオマー・シャリフ演じる井戸の持ち主である部族長がやってきて、案内人の男をズドンと撃ち殺す。ロレンスはひどく嫌悪を感じる……。こういうシーンはいまにつづく典型的な西洋のイスラムイメージをつくりあげました。正確に言えば、アラブという民族のイメージ、あるいは遊牧民の部族のイメージなのですが、西欧社会は、どこがアラブでどこがイスラムかなど区別しません。沙漠に住んでいるアラブは暴力的で、彼らの宗教はイスラム。それだけでした。

しかもそこに嫌悪を感じたロレンスは、彼らを啓蒙すべくアラブの国をつくろうとして失敗する。悲劇のヒーローとして描かれています。

オレの所有物である井戸の水を飲んだから、飲んだ奴を殺していいという論理です。たしかに沙漠の水は貴重です。しかし、だからこそ、分け合わないと、みんなが生きていけない。こういう考え方をとるのがイスラムです。

一滴の水をめぐって人が殺し合う宗教。そうとらえたところが、イスラムに対する西欧の大誤認なのです。

おそらく中世の頃、十字軍の頃から、聖地エルサレムを支配するイスラム教徒に「邪悪で暴力的である」というイメージが植えつけられていったのでしょう。西欧の世界はいまだにその延長線上の思い込みから抜け出せていないと思います。

でも、どうして大切な水だからこそ分け合うと考えなかったのでしょう？　実際の沙漠地帯の井戸について、どの部族のものという考え方があったのか、なかったのか私は知りません。

沙漠は都市と都市の間の「海」

シリアの沙漠地帯でベドウィンのテントを訪ねて、そんなイメージとは正反対の歓待を受けたことが何度もあります。

テントを訪れると、「おまえ、どこから来た？」「日本から来たのか。よく来た」「おまえは『日本のアラブ』だな」と言い、訪問者にそれ以上のことは聞きません。私がアラビア語を話したので「日本のアラブ」ということにされたのですが、もちろん彼らは日本がどこにあるかなど知りません。それ以上、相手が何者かを尋ねないのです。ここにも人と人との間に「線を引かない」イスラム教徒の姿があらわれています。

それから大きなひしゃくみたいなものでコーヒー豆を炒《い》って、苦いコーヒーが出されます。砂糖をたっぷり入れるトルコ・コーヒーとはまるで違って、本当にニガい。でも、このコーヒーにはカルダモンの香りをつけることもあって、爽やかな風が吹き抜けるように、暑さでひからびていた身体がシャキッとするんです。これをお猪口《ちょこ》みたいな器に入れて出してくれるのですが、彼らは、このニガ〜いコーヒーを四〇度五〇度の灼熱の沙漠を旅してきた人に対するもてなしとして出す。灼熱の沙漠では、コーヒーは〝気つけ薬〟です。

それをきゅっと飲むと、またポットから注いでくれます。もういらないというときは、手にしたコーヒーカップを左右に振って（手を振るのではなく、カップだけを振ります）、「もう結構です」という合図を送るのですが、たいへんだったのはそこから先です。

羊がメエメエ鳴きながら連れてこられたのです。「まさか、これから料理するんじゃないだろうなあ」と思っていると、目の前で羊の解体ショーが始まり、その肉を使った料理でもてなされました。

それまで一回も会ったことがない日本からきた旅人にそういうもてなしをするのが、実は彼らなのです。それは、西洋人や、われわれ日本人が本や映画などを通じて抱いてきた「邪悪で

（上）シリア、ダマスカス周辺のオアシスの村で、農民と会話。現在はこのあたりも激戦地となっているようです。訪ねて行くと必ずお茶を出してくれました。
（下）シリア、ダマスカス周辺のオアシスの森（ドゥーマ近部）。今は内戦の激戦地。春になるとオアシスの樹々に花が咲き、市民たちがピクニックに来ていました。留学中のフィールド調査で撮った写真。（どちらも1982年撮影）

暴力的な沙漠の人」という彼らに対するイメージとはかけはなれたものです。

彼らがもてなしと分かち合いの文化をもつ人たちであるということは、現地に行ったからといってすぐにわかるものではありません。しかし、沙漠といういわば大海で会った相手に対して、オレのテリトリーに入ってきたな、撃ち殺すぞ、というのは、まったく見当違いの理解であるということは知っておいていただきたい。ここは自分の土地だというのは農耕民の発想です。

沙漠というのは、いってみれば〝海〟です。都市と都市との間に横たわっている海。その〝海〟を昔から隊商の人たちは行き来をしてきて、都市で交易をし、商売をしてきた。その商売をいかにフェアにやるか、というところにルールを与えてきたのはイスラムでした。

「儲けた」のは自分の才覚ではない

商人のための宗教らしく、為替《かわせ》の考え方を発明したのもイスラム教徒だという説があります。違うという説もあります。いずれにせよ、外国為替の原始的方法が、イスラム教徒にはなじみやすいものであることは確かです。

たとえば、Aさんが遠く離れたところにいるDさんにお金を送らなくてはならない。だけど、そこまではもっていけないので、近くの街にいる信頼できるBさんにまずお金を預ける。Bさんは信頼できるCさんに、Cさんはまた Dさんに、というようにしてお金をリレーして渡していけば最終的にDさんのところに届くという考え方が為替の原型ですよね。

これを交易の手段として成り立たせようとしたとき、必要になることは何か？ それはお金を預ける人間と預けられた人間の間の信頼と公正です。信頼がなければぜったいに成り立たないメカニズム。この信頼を担保してきたのが、イスラム教徒どうしの信頼と公正の観念です。

いまはコンピュータのネットワークが為替の仲介役をしますけれども、もともとは人づてにお金を預け、送るということをやってきた。そのシステムをつくるためには、必ず何がフェアかという商売のルールがなければいけないのですが、イスラムの中には、その商売のルールが出てきます。

おかしいのは、今の世界のほうではないでしょうか。ぜんぶ国家という枠がきっちり決められていますから、勝手に人づてにお金を動かしたりすると犯罪扱いされます。地下銀行とか、地下送金とか言われて。でも、途中で信頼が裏切られれば問題になりますが、そうでなければ、別に国家がとがめだてすることでもないと思うのですが、外国為替を扱える金融機関は

（国家の）法で定め、勝手に個人でやってはいけないことになっています。

「儲けの一部を喜捨《きしゃ》しなさい」あるいは「弱者のために善行を積みなさい」というイスラムの教えも、商売と関わっています。貧しい人、生計の手段をもたない人のために、儲けた人はその利益の一部を差し出せということになります。それは、たとえば商売で失敗したその人本人に差し出せと言っているわけではなくて、「神に貸付をする」と『コーラン』には、書いてあります。

「神に貸付をした人」は、ご褒美《ほうび》をいただけるというのです。おもしろい考え方です。儲けた人間が儲けのうちの一部を神に貸し付けるという名目で、実際には困っている人に差し出す。差し出されたお金をいったん集めて、孤児や稼ぎ手を失った家族といったような弱者の救済のために使うというメカニズムが、そこには想定されています。

商売は良いときもあれば悪いときもある。ここが大事なところですが、うまくいって儲けたからといって自分の才覚で儲かったと思うな、というわけです。

これは、新自由主義経済を信奉する人たちにぜひ教えてあげたいですね。紙切れ一枚の金融商品の価値が上がったり下がったりということに、われわれは翻弄《ほんろう》されている。成功した人間だけがマネー・ゲームをつづける資格があって、失敗した人間はとっとと退場しろというのは、人間社会にとって深刻な病だと私は思います。金儲けの欲望に際限がないことは、イスラムもわかっています。だから神は、儲けてもいいけど、貧しい人のことを忘れんなよとクギを刺す。

イスラムが利子を禁じていることも大切です。簡単に言ってしまえば、眠っているあいだに金が増えたり減ったりするということがダメだという意味です。別にイスラム教徒でなくとも、私もそう思います。世の中ではさまざまな金融商品が売られ、売り手の甘い言葉につられて投資をして、ある日、何の価値もなくなっていたということがくり返されています。それを罪とするルールがイスラムにはあり、われわれの社会には、それがない。「投資は自己責任」のひとことがあるだけです。

儲かるときには儲かるけど、儲からないときには儲からない。だから、儲かったときには自分の才能で儲けたなどと思うな。神に対する貸付というかたちで喜捨をしろ、というのがイスラムです。逆にいうと、事業に失敗してしまった人も、自分のせいで失敗したと思わなくていいんだよ、という教えです。良いときもあれば悪いときもある。悪いときはみんなで助ければいい。このほうがよほどまともな社会システムのように思えるのですが、どうでしょうか。

そういうルールを信仰の根底にもっているからこそ、イスラムは世界中に広がったのではないか、と私は思うのです。

こういうことを言わずに、教科書的にイスラムの説明をすると、「はい、六信五行というのがあって、六つのものを信じて五つの行いをするのがイスラムの信仰ですよ」ということになる。一応書いておきますと、六信は「一．アッラー　二．天使　三．啓典　四．使徒　五．来世　六．定命」、五行は「一．信仰告白　二．礼拝　三．喜捨　四．断食（斎戒）　五．巡礼」（詳しくは『岩波イスラーム辞典』などを見てください）。すると、あれをしちゃいかん、これをしろと神様が命令するばかりで人間の主体性を認めない宗教なのか、と曲解されることになる。信者になる人たちは、そういうことを聞いてイスラム教徒になったわけではないでしょう。

イスラム教徒と三十数年つきあってきましたが、イスラムの本質というのは、教科書的な説明の中にあるのではなく、「儲かったときには自分の才能で儲けたなどと思うな」というように人間のおごりをいましめ、弱い立場の人を助けるところにあるように私は思います。

残念ながら、いまの報道では暴力に関するものばかりですが、暴力に吸い寄せる宗教が一五億も一六億もの人を惹きつけることなどありえません。

「子ども」と「お年寄り」を大切にし「よい来世」を信じる

イスラムする人のことをムスリムといいます。

アラビア語では、S、L、Mという文字が入っていると、「帰依《きえ》する」「服従する」といった意味になります。イスラムにはS、L、M、ムスリムにもS、L、Mが入っています。これはイスラム、ムスリムという言葉がどちらも「帰依する」「服従する」という意味を含んでいるということです。

これはアラビア語の特徴なのですが、英語やドイツ語のようなヨーロッパの言語や日本語とぜんぜん違うのは、三つの子音の組み合わせがある意味をあらわすということです。

たとえば、K、T、Bという三つの子音の組み合わせからは、「書く」ということに関連する言葉が広がります。そこからカタバなら「彼は書いた」、キターブというと「本」、マクタバというと「本屋」という言葉が派生してきます。

塩基配列の組み合わせが遺伝情報をつくっていく、まるでDNAのようです。三つの子音の組み合わせからすべてが派生してひとつの宇宙ができてくる。アラビア語とは、そういう言語です。

この「神様にすべてを従う」というイスラム教徒のあり方は、意外なほどこれからの日本人の生き方によい示唆を与えてくれる発想のような気がします。すべてを従うからには、結果も神が決めることです。考えてもしょうがないことを、ああだこうだと考えて自分を追い詰めてしまうところがわれわれ日本人にはありますから、別にイスラム教徒にならなくても、イスラムの根底にある発想は、学ぶ価値があるのではないでしょうか。

こういうことは介護の問題などを見ているととくに思うことなのですが、日本の社会構造からいって、老々介護の問題を非常に深刻に受けとめがちです。イスラム圏にももちろん介護を必要とする老人はいますが、日本といちばん大きく違うところは、イスラム圏には基本的に老人ホームが少ないということです。ではどうするのか。

介護が必要な人をみんなでなんとか助ける。家族だけでなく近所の人も含めてみんなで助けようとします。

イスラムでは「助ける」というのは善行なので、困った人を「助ける」ことによって、自分が天国に一歩近づくことになります。イスラムでは、行動の「意図」を大切にしますから、天国に行きたいという下心から善行を積んでも、絶対者たる神はすべてお見通しです。

「来世」というのは六信の中に出てきますが、これはイスラム教徒にとって、すごく大切な意味をもちます。「来世」で楽園に迎えてもらいたくて、生きている間に善い行いをするのです。死んだらすぐに楽園に行くわけではなく、世界が終末を迎え最後の審判を受けたあとのことなのですが、「来世」があることだけは、どんな品行の悪いイスラム教徒でも信じているから不思議です。でも、死後に、楽園に、天国に行けるかどうかの判断は神しかできない。それも、最後の審判のときに、死者がよみがえって神の前に引き出され、おまえは楽園、おまえは地獄と振り分けられることになっています。

ですから「来世」で天国に行かせてもらえるように、この世にいるうちに善行を積もう、ということになるのです。

キリスト教のカトリックなら、神父が神と人とのつなぎ役となって、告解のようなかたちで犯した罪を悔い改めるかわりに、神の赦《ゆる》しを与えますが、イスラムでは神様と信者の間をつなぐ人はいませんから、自分で善行を積み、神と向き合うしかないのです。

ですから、何か「善い行い」をしないと天国に入れてもらえないよな、とイスラム教徒は思うのでしょう。昨日商売でぼったくりをしたなあと思っているときに、目の前に物乞いの人がいる。すると、「これはいい機会だから、ここでいくらかあげておこう」、というふうになる。

ただし、口に出してはいけない。口に出してしまうと良からぬ意図が明白になってしまいます。逆に、そういう考え方ですから、物乞いのほうも「ありがとう」とお礼は言いません。「相手を一歩天国に近づけてやったんだ」ぐらいに思っているわけですから、「ありがとう」と言う理由がないのです。

旅行に行くならイスラム圏へ？

こういう考え方は、介護のように、人が人の世話をしたりされたりするような場面では、とくに力を発揮します。

日本では、障がいのある人、高齢になって認知症になったりした人も含めて、ハンデを負ったことをマイナスと考えがちです。そのため、世話を受ける人の気持ちがどんどん負のスパイラルに入り込んでしまって、助けてほしくても言い出せない、というようなことも起きます。

でも、イスラム教徒はそのようには考えません。目の前にハンデを負った人がいるのも、神が決めたこと。ハンデを負った人を助けるのは神が課した義務であり善行ですから、自分に天国に行けるチャンスを与えてくれたようなものです。

ですから、小さいお子さんや高齢者を連れて旅行に行くなら、イスラム圏へ行くといいです。まず嫌な思いはしないと思います。

だいぶ前のことになりますが、長寿の双子「きんさん、ぎんさん」は、百歳を超えて元気な双子のおばあちゃんだとトルコの新聞にも紹介されました。そんなきんさん、ぎんさんを知ったトルコの人たちがなんと言ったかというと、「マアシャアッラー、マアシャアッラー」。アッラーの御恵みがあったことを喜び、感謝するというような意味合いです。つまり、トルコの人たちはきんさん、ぎんさんを見て、アッラーの御恵みだと感動したわけです。

日本では、こういう方にテレビがインタビューに行くと、「長生きの秘訣は何か?」って必ず聞くでしょう。あれ、イスラム教徒はしないですね。長生きするか、短命に終わるか、人の命なんてすべて神の手に委ねられたことであって、人間がどうこう言うことじゃないという感覚が、根底にあるんだと思います。

イスラム教徒たちの子どものかわいがり方も格別です。私が若い頃、家族でトルコに滞在していたときに、当時一歳の双子を乳母車で連れて歩いていると、通りすがりの人が何のことわりもなく寄ってきて、ひょいと抱き上げて、「わーっ、双子だよ! マアシャアッラー」。「すばらしいね、神様の御恵みだね!」と言われつづけると、こちらもなんとなくそんな気になります。これが日本だと「大変ですねえ……」です。どちらがストレスを与えないか、明らかですよね。

おかげで、現地に駐在するにしても子ども連れでいるとかえって楽なのです。日本人の場合、イスラム圏に駐在をするとなれば、もしものことがあったら困るからと、単身赴任になることが多いと思いますが、むしろ逆で、幼いお子さんがいるならぜひ一緒に行かれたらいいと思います。もちろん、現地の医療や教育の整い方にもよりますが。

事故か何かがあったら心配といっても、トルコの医療水準は決して低いものではありません。当時一歳だったわが家の娘も、這《は》い這いしている頃に腕がぶらぶらして様子がおかしいので（実際に折れていたのですが）、医者へ連れて行くと、いい意味で〝たらい回し〟にされました。まず、知り合いのお医者さんを頼って国立病院に行くと「ここは大人の病院でレントゲンの線量が強すぎるから、子ども用の病院に送る。ちょっと待っていて」と言われ、子ども用の病院までずっとついて行ってくれたうえに、担当の医者に「おれの友だちの赤ちゃんだから丁重に扱え」と厳命する。診療が終わり、ギプスをはめてもらった子どもと待合室にいると、今度は診察を待っている患者さんたちが次々にやってきます。そして、子どものギプスにナザル・ボンジュという魔除けの青い目玉のお守りをつけてくれました。

けがや病気をしている人に、トルコ人は「ゲチミシ・オルスン」と言います。「（悪いことが）

早く去ってしまいますように」という意味です。日本語の「お大事に」と比べるとよくわかりますが、「大事にしろ」と言われても、何の慰《なぐさ》めにもなりゃしません。イスラム教徒の感覚では、嫌なことやつらいことも神がそう決めたからなるのであって、人にできることは、そのつらさが一刻もはやく去ってしまいますようにと神に祈願することだけです。

さて、骨折の治療を受けた一歳の娘の診療が終わって、最後に会計のところに行くと、「いや、お前からは金はとれない」

もちろん、本来は診察料を払わねばなりません。しかし同時に、トルコに行ったばかりで事情もよくわからないことを知り合いの医師もよくわかっていました。私も子どもも、イスラム的に「弱者」とみなされたのです。

こんなことをしていたら行政制度は成り立たない。それはそのとおりです。しかし、どっちみち制度がきちんとしていない国が多いのもまた、イスラム世界の現実です。それを補うために、こういうイスラム的な優しさの循環が、中東では大切な意味をもっています。

「弱者に対して優しくしてやれ」というのは、イスラムでは神が人間に下した義務です。義務といっても、日本語でいう義務とはニュアンスが違います。嫌々やらされるという感覚は微塵《みじん》もなく、神が善行を積むきっかけをくれているという感覚です。

困ったときにこそ、イスラム社会の真髄が発揮されるのです。そのことをイスラム世界諸国の政治家たち、欧米諸国の政治家たちが率先してやっていたら、いまのような暴力の応酬も避けられたはずです。

実際、日本の病院に行くよりずっと楽でした。われわれ日本人は日本の医療水準が高度で世界的にも進んでいると勝手に思っていますが、いまやトルコはヨーロッパの医療ツーリズムの目的地になっているぐらいですから、サービスもよくて医療の水準も高くなっています。それに比べてヨーロッパの医療機関は、高いわりにサービスが悪いですから、最近は、「トルコに行って歯の治療をしよう」「痔《じ》の治療をしよう」というような宣伝をよく見かけます。

それも当然のことだと思います。なんといっても、イスラム世界の医者は弱者である患者を大切にしてくれますから。

子どもとお年寄りを大切にする。困っている人がいたら手助けをする。

これはトルコにかぎらず、イスラムの社会にしっかり根づいている「イスラムする」ことのひとつです。困っている人が目の前にいたら、彼らは必ず何かをします。どこまでできるかは人によります。しかし、何もしない、ということはない。

それがイスラムする人――ムスリムなのです。イスラムが何かということを知るより、イスラム教徒とはどういう人なのか、そちらを先に知ることのほうが大事だと思います。

面倒見の良さとお金に対するシビアさ

イスラムの寛容さと商人としてのきびしさに対する印象は、彼らとの出会い方によって変わってきます。

おもしろいのは、イスラム圏に旅行で行った人には、けっこう印象がいいのです。旅行に行った人が現地のだれとつきあうかというと、たいていは観光業者ぐらいのものでしょう。トルコで典型的な観光の業者といえば、絨毯《じゅうたん》屋。絨毯屋は商人ですから、表向き愛想よく見えても、ずいぶんいい値段で商売をしているわけです。絨毯屋としては観光で来た日本の善男善女にトルコ人の感覚からしたら法外な値段で売りつけている、といううしろめたい気持ちをどこかでもっているわけですから、内心、「これは一歩天国から遠のいたな」という思いもあるわけです。そこで、絨毯を売りながら、一方ではそれを買ってくれた日本人のお客さんに一生懸命サービスするのです。絨毯屋にかぎらず、イスラム教徒の日々の生活は、悪いことしちゃったな、次は善行をしなきゃ――そのくり返しです。日本人観光客は、一週間ほどの滞在のあいだに、イマ悪いことをしている人と、イマ善行中の人の両方に出会います。もっとも、悪いことと言ってもせいぜいがぼったくりですから、商売上手な人の言葉を信じてしまえば日本人は気がつきません。逆に、親切にしてくれたことには気がつきますから、印象がいいのは当然です。

ところが、駐在員や留学生としてイスラム圏に住むと、いろんな場面で交渉ごとに遭遇します。金が絡んだ話になると、印象ががらりと変わってしまう。彼らのお金に対するきびしさが、あるときには「金にきたない」と映ることもありますし、「約束を守らない」という印象になることもあります。

企業の駐在員のようなかたちで長いこと滞在していると、そういう場面に出会う機会も増えるので印象が悪くなる、ということはあります。

でも、その面倒見のいいところと商人としてのきびしさをあわせてトータルでみると、イスラム教徒という人間のひとつの側面が見えてきます。絨毯を立派な値段で売りながらも、一方では、どうしても面倒見の良さを発揮せずにはいられない人たちなのです。

第3章

西欧世界とイスラム世界はもともとは同じ

「線を引く」ことをしてはいけない

私たちは、「キリスト教＝西洋のもの」と思い込んでいますが、原点はいまのイスラム圏とも重なる中東の地です。キリスト教が西洋のものになったのは、ローマ帝国以来の歴史のなかで起きたことです。キリスト教の歴史そのものがキリスト教を西欧化していった歴史、とも言えるわけですから、現在のあり方がずっと古くからあったわけではない。

キリスト教は、自身が生まれた土地である、東方の原点にいたキリスト教徒を異端として排除していった。そういう見方をすれば、罪深い宗教だとも言えますが、最初から東方的な要素を排除しようとしていたわけではない。西のヨーロッパに重心が移っていくにつれて、不寛容になっていったのでしょう。

そのことは、いまのトルコの東の端、シリア国境にあるアンタキヤという町を訪ねたときに実感しました。

ここはかつて、初期キリスト教の布教の拠点となった場所のひとつで、アンティオキアと呼ばれていたところです。パウロがさかんにキリスト教を広めた地でもあります。現在の町の中にもキリスト教の教会、ユダヤ教のシナゴーグ、イスラムのモスクが混在しています。アンタ

トルコ東南部アンタキヤのモスクで祈る人々たち。アンタキヤは古い名をアンティオキオアといい、初期のキリスト教ではパウロが教えを広めた地。このモスクの名前はハビービー・ネッジャール・モスク。地元の人たちの言い伝えでは、アンタキヤで最初にイエスの弟子となった人の名前で、殉職したあと、このモスクがあった場所に墓があったと言われています。つまり、キリスト教の殉職者をまつった場所に、イスラムのモスクが建てられたという一神教のふるさとのような町なのです。

キヤは東ローマ帝国や、トルコ系のイスラムのセルジューク朝、そして十字軍によるキリスト教の国になり、十三世紀にはマムルーク朝によって滅ぼされます。大変な栄枯盛衰《えいこせいすい》を経て、今のアンタキヤになったのですが、結果として三つの一神教は残りました。

ここに、イスラムと仲良くするためのポイントがあります。この町では、キリスト教徒、イスラム教徒、ユダヤ教徒が、長いこと共に暮らしてきたのです。

アンタキヤでは、お互いに誰がどの宗教の信者であるのかを尋ねたりしません。尋ねるということ自体が、互いの間に「線を引いてしまう」ことなんです。お互いの宗教祭日、イスラム教徒にとってはラマダン明けの祝日や犠牲祭、キリスト教徒にとってはクリスマスや復活祭には、お互いに「おめでとう」って声をかけあえばいいのです。

アンタキヤのカトリックの司祭も、イスラムの先生も、同じことを言っていました。一番よくないのは、外から来た人間が、ユダヤ教徒、キリスト教徒、イスラム教徒の間に線引きをして、互いを争わせたことなのです。研究者としての自分も、ともすればこうして「線を引く」ことをします。ハッとさせられました。

すべて中東の地で生まれた

中東で一神教としていちばん先に生まれたのがユダヤ教です。イエスによって、その改革運動として出てきたのがキリスト教。つまり、ユダヤ教、キリスト教と呼び名は違ってもルーツの違う別々の宗教というわけではなくて、もとをたどれば同じひとつの神様に至る兄弟のような関係です。思い出していただきたいのですが、『旧約聖書』と私たちが呼んでいるものは、ユダヤ教徒にとっての聖書です。イエスがどういう福音を説いたかということが書かれている『新約聖書』は、キリスト教の聖書ですが、キリスト教は『旧約』も聖書として認めています。それはキリスト教徒が同じ一神教としてユダヤ教のあとに生まれたからです。一神教であることを認める以上、さかのぼれば同じ神様にたどりつくのは当然です。

ところが、イエスの一派がやろうとした改革を好まなかったユダヤ教徒たちは、イエスを十字架にかけてしまいます。そこからユダヤ教徒とキリスト教徒の反目がはじまってしまった。キリスト教徒の側がユダヤ教徒を嫌ってしまうのは、そこからきています。

その時代からさらに六百年も経った六一〇年頃、同じアラビア半島に生まれた一神教、それがイスラムです。当然のことながら、二つの先行する一神教からすれば、「何をばかなことを言っているんだ。そんなもん邪教に決まってるじゃないか！」となるわけですが、あとから出てきたイスラムにしてみれば、これは仲良くする方法のポイントなのですが、先輩の一神教を否定する必要はまったくない。同じ一神教なのですから、神様は同じですよ、と言います。

このことをキリスト教の教会に講演に呼ばれたときに話したら、日本の信者は敵意をあらわしたりしませんが、やはり、ぎょっとされました。まさか自分たちが信じている神様がイスラム教徒の神様と同じなんて……というところでしょうか。でも、どちらも一神教ですから神様は一人です。もし、ユダヤ教の神様とキリスト教の神様とイスラムの神様が違っていたら、神様は三人になってしまいます。

つまり、あとから出てきたイスラムも、一神教といっているのですから、キリスト教徒やユダヤ教徒も自分たちと同じ神を信仰しているんだなということを受け入れないと、どうも、共存ということは難しくなってしまうのです。

先輩を立てつつも

この三つの宗教には、それぞれ預言者がいます。

預言者というのは、「神様のメッセージを人間に伝えた人」のことです。よく知られているアブラハムやモーセは、ユダヤ教の預言者。キリスト教ならイエス。そして、イスラムでは、一神教の中で最高の預言者がムハンマドとなる。ただ、イスラムではムハンマドより前の一神教については、けっこうたくさんの預言者を認めていて、その中にはダビデやノア、そしてイエスも入っています。ムハンマドに降りてきた神の言葉を直接声にして語ったものが、イスラムの聖典となった『コーラン』です。

ですから、イスラムには、先に生まれた一神教の先輩を否定する発想はないのです。けれど、先にできたキリスト教からすれば、イスラムは邪教ということになります。イスラム教徒としては、嫌われても先輩は先輩です。律法にしても、福音にしても、先達の預言者が神から託されたメッセージである以上、間違っているとは言えません。だから、後発のイスラムでも、これらを尊重しますし、ムハンマド以前の預言者も尊敬するのです。

先輩として立てているといっても、違いがなければあえて後発の宗教として出ていく必要もないわけですから、たとえばユダヤ教徒が言う「自分たちは神に選ばれているんだ」という選民思想はおかしいとイスラム教徒は考えます。神は絶対者なのだから、ある民族だけ特別扱いすることはない。

キリスト教徒に対してイスラム教徒がおかしいと思っているのは、後にイエスを「神の子」にしてしまったことです。神が子をなすというのはおかしい。それはそうでしょう。神は超越的絶対者なのであって、人間界に降りてきて子をつくるなど、イスラムでは絶対に想定できま

トルコの西、イズミールの近くの山の中にメリアマナという場所があります。イエスの母、マリアが晩年を過ごした場所と言われていて、いまでも大勢のキリスト教徒が参詣に訪れます。

せん。ただ「在れ」と命じれば処女マリアはみごもる、それだけだと考えます。

でも、イエスもまた神のメッセージを預かった預言者としてイスラムでは尊敬されます。ムハンマド自身が商人として実在したことからもわかるように、預言者はあくまで人間でよいのであって、なにも「神の子」に祭り上げる必要などないのです。ちなみに、イスラム教徒は、彼なくして自分は存在しないというくらいに預言者ムハンマドをことのほか敬愛しますが、決して、ムハンマドを神と同一視したりはしません。あくまで彼は生身の人間です。

イスラムがユダヤ教とキリスト教をどうみているかは、イスラム教徒の名前をみればよくわかります。イスラム教徒にもマリアをあらわすマリアムという名前の人はたくさんいます。イーサー、つまりイエスという名前をもつ人も大勢います。ムーサーという名前も多いですが、これはモーセのことです。イブラヒームはアブラハム、スレイマンはソロモン、ヌーフはノア。先代のトルコの首相はダウトオウルという読みにくい名前ですが、ダウトというのはダビデのこと、オウルというのは息子の意味ですから、「ダビデの息子」という名前をもつ人がトルコの首相をつとめていたのです。英語ならDavidsonです。嫌っていたら、つけるはずないですよね。でも、つけられているのは、ユダヤ教の指導者たちと、イエス、マリアまでです。キリスト教の宣教に貢献した人たちの名前はつけません。そのため、異教徒の名前をとっているのは、ユダヤ教関係の名前のほうが多いです。

イスラム世界へ入ったときに安堵感を覚える理由

ヨーロッパとイスラム世界との違いは、いろいろありますけど、ひとつ言えるのは、「イスラム世界へ行くとだらっとできる」ということです。私はそれを実感しています。妻もイスラム圏に入った途端に、なぜかほっとすると言っています。

訪れるたびに、この感じは何だろうと思うわけですが、何とも言いようがない安心感があります。私は、トルコのエーゲ海岸にあるチェシメという小さな町のはずれに家をもっているので、一年に一回はトルコに行きます。西の大都市イズミールの空港に着くと、夏の間ずっと、わが家と街までの運転をお願いしているタクシー運転手のユミットに出迎えてもらうのですが、彼と会った途端にすべての緊張がほぐれます。彼は、私より少し歳下です。

十年来の親友ユミットのことを少し話しましょう。私は、夏の間、同じ人を運転手にお願いすることにしています。調査のこともあって、息が合わないと難しいからです。

先代のアブドゥッラーも誠実な人でしたが、ミニバスの運転手に転向するというので、そのときに、君がいちばん信頼できる人を推薦してくれと頼んで、夏をいっしょに過ごすようになったのが、いまのユミットです。

私は、彼にも、私なりにイスラム教徒の真髄をみています。彼には学歴はまったくありません。たしか小学校の卒業です。一度、子どもの頃に育った家を見せてもらいましたが、畑のなかのあばら家。お父さんが一生懸命、石を積んで、屋根を乗せてつくったのだそうです。

夏の間はタクシードライバーですが、冬は避暑客などいませんから、アーティチョークの畑を四〇ドノム（四ヘクタール）ほど耕しています。もともと、もっと小さな農地だったのですが、父親が額に汗して働きに働いて、ここまで農地を増やしたのだそうです。数年前に他界されたお父さんの遺産として受け継いだそうです。

彼は、この十年間、ひとつの嘘もつきませんでした。できないのに気軽に引き受けて、あとでトラブルになる——トルコにかぎらずイスラム圏ではよくあることで、旅人を助けようという善意からくるので悪意はないのですが、一度もそういうことがありません。

夏の間、自家用に育てているトマトや唐辛子、ナス、スイカ、メロン、ありとあらゆる野菜を私のところに届けてくれます。金を請求したことは一度もなく、私が払うと言っても受け取ったことはありません。

彼の野菜の作り方というのは、まさしく蔬菜《そさい》栽培の原点というべきもので、夏のカラッカラのエーゲ海地方。水も肥料も与えず、その環境でメロンやトマトを育てるのです。野菜は、かすかな水を力いっぱい吸い込んで、驚くほどみずみずしいトマトを実らせます。彼がくれる唐辛子（しし唐ですが、おそろしく辛いもの）を台所に放っておくと、部屋の中にヒリヒリとした香りが漂います。

仕事での彼は、謹厳実直《きんげんじっちょく》。もちろん仕事ではきちっと料金を取りますが、メーター以上の料金を請求したことなど一度もありませんし、こちらが、調査の仕事であちこち連れまわしても文句を言ったこともありません。すべてにおいて、誠実の一語につきる人です。

彼が礼拝をしているのかどうか、私は知りません。でも、私が「地元でつくっているワインを飲みたい」と言ったら、近所の醸造家から分けてもらってきて、有料で三リッター千円余りでしたが、これはきちんと請求してくれました。私がワイン好きだと言っても、嫌な顔はしませんが、自分は冬の暇なときに、ほんの一杯ワインを飲むだけだと言っていました。

彼は、ひとことで言えば、畏《おそ》れを知っている人です。夫人はスカーフを着用していますが、娘さんはTシャツにジーンズ。息子はイケメンの長身痩躯《そうく》ですが、父を敬い、母を慕い、それでいて将来に悩む青年です。

別に彼と宗教的なことなど話したことはありませんが、ラマダン（断食の月）明けのお祭りのときに、バクラヴァという糖蜜をかけたパイを差し入れたことがあります。彼は、顔に出してうれしそうにはしません。どこかに日本から来る私と妻を客人とみているところがあって、客人はもてなさなければならないのに、ものをもらってしまったことに躊躇《ちゅうちょ》している様子でした。ふつう、大都市部の人は、そんな態度をとりません。慣れてくるにつれて厚かましくなるトルコ人ならいくらでもいます。あくまで、実直な人なのです。

ある日、彼が畑に行くという日に、招待してくれました。四ヘクタールですから、農夫を雇

畑でケバブを焼くユミット。父から受け継いだ畑を守りながら、家族と共にチェシメという小さな町で働いています。

っているのですが、みな一緒にケバブを焼いて、彼の生家のあばら家でバーベキューをしようというのです。彼は雇っている農夫に対して、決して使用人に対するような横柄な態度をとりません。

他人を騙すようなことを決してしない、他人を見下さない、自分の家族を含めて、何が正しいことなのか、いつもそれを考えて行動する。私は彼のそういうところに、イスラム教徒の本質を見ます。

そのことで、彼は私に安心と平安をもたらすのです。つまり、ユミットは決して間違ったことをしない、という安心です。もちろん、ドライバーとして、トルコ人によくあるような乱暴な運転を彼は絶対にしません。

彼の土地があるチェシメ郊外のオワジュク村は、いま、不動産ブームに沸いています。イスタンブールあたりから、地上げ屋がやってきて、途方もなく高い値で交渉をもちかけます。しかし、彼は見向きもしません。父親から受け継いだ農地で、大地の力をめいっぱい吸い込んで育つトマトや唐辛子やアーティチョークを育てています。

彼の行動には、絶対者としての神に対する畏怖の念がひじょうに素朴なかたちであらわれている気がするのです。彼は、都市部の人がするように、政治の話はしません。政治家を揶揄《やゆ》するでもなく、もちあげることもしません。ひたすら家族の平安と無事と安寧のために働きつづけるのです。だから空港で彼の姿をみつけた瞬間、私は、ここから先は彼がいるんだという安堵感に満たされるのです。

スコットランドだけが例外?

「ああ、ここから先、俺は身構えてなくていいんだ」。そういう安堵感は、ヨーロッパに滞在しているときには感じられない感覚です。

ヨーロッパに行くと、逆に「なんでこの人たちこんなに怒ってんの?」と思います。もちろん、こちらは十分に言葉ができないし、そういうハンデを負っていることはわかっているんですが、こういうときイスラム教徒ならにこっとするだろうなあと思うことが、よくあります。

イスラム教徒の男たちが怖そうに見えるのは、あの髭面《ひげづら》からくる印象のせいですが、ほんとに「にっこり」と微笑んでくれます。

イスラム世界とヨーロッパとの決定的な違いは、「人が人に対して敵対しない」ということではないでしょうか。

そういう点では、日本人がイスラム教徒に対して、とくに気をつけなくてはいけないことなどないのです。いまのところ、日本人が礼儀正しいと思っていること、それをそのまま守っていれば何の問題もない。

気をつけるとするなら、われわれ男性が女性をじろじろ見てはいけない、ということです。男性が女性をじろじろ見るのは、礼儀に反することです。それは、日本だってそうでしょう。少なくとも、ヴェールをかぶっている人をじろじろ見てはいけません。ですから、異性には「にこっ」もなしですよ。

日本人や欧米の人たちと違って、夫婦の絆は、うまくいっているかぎり、おそろしく強いですから、ほかの男が微笑んだだけで、性的に誘ったと受け取られます。喧嘩のもとですから、異性に微笑むのはだめです。

それ以外のところでは、同性どうしなら、出会ったときには、にっこり微笑むのがふつうのイスラム教徒です。

もちろん、ドイツでもフランスでも人が困ったりしていたら助けてくれます。でも、なんと表現したらいいか、人と接するときにひとりひとりがどこか身構えている……。自分は「個」として生きているという肩肘張《かたひじ》った感覚。そういうふうに身構えないと暮らせないところに長くいると、やはり疲れてしまいます。

ただ、意外なことに、ヨーロッパでも、見知らぬどうしが出会ったときににこっと笑うところがあるのを最近知りました。二〇一五年に在外研修で滞在したスコットランドです。

ここから北にはもう大学はないという北のアバディーンという町に滞在したのですが、道ですれ違う人がにっこり微笑んでくれるのです。なんとも不思議でした。どこかで会ったのかな、いや、着いて数日で、そんなことはありえない……。妻と顔を見合わせて「いま、あの人、微笑んだよね?」と確かめ合いました。

この微笑みがスコットランド独特のものなのか、それとも、スコットランドでも限られた地域の人たちのものなのか、よくわからないのですが、あの感覚はイスラム世界に入ったときの感覚に似ています。

ヨーロッパも、よく探してみると、そういう所が他にもあるでしょう。私が知らないだけで。読者のみなさん、他にも見知らぬ人とすれ違いざまに「にこっ」と微笑む場所があったら教えてください。

第4章
となりのイスラム教徒と共に

「分け合う、恩を仇で返さない」が基本

これから行く国はどんなところだろう？――旅の前にそんなことを思って不安になったりするのはだれでも同じです。

イスラム教徒の人も日本にくるときは「日本はどんなところだろう」と不安な気持ちをもちながらやってくるわけですから、まずは「何も心配することはないですよ」と、ふつうに言ってあげれば相手もほっとするはずです。そのとき、どんな言葉で声をかけたらいいかと気になるかもしれないですけれど、日本語でいいと思うのです。

日本人が最初にたくさんのイスラム教徒と接することになったのは、第1章で触れた通り、ちょうどバブルの頃、一九八〇年代の後半に工場の労働者としてバングラデシュやパキスタンの人がやってきたときだと思います。その当時、群馬県の太田というところに、学生を連れて工場を訪ねたことがあります。そこでいちばんうまく彼らとコミュニケーションをとっていたのは、実はパートのおばちゃんたちでした。

バングラデシュやパキスタンからきた労働者の人たちは単身の男性でした。しかも最初はイ

スラム教徒として何を食べられるかがわからないので、困っていたようです。そこで、おばちゃんたちが一緒に食べようと彼らの分までお弁当をつくってもってきた。

イスラムの価値観では、とにかく分け合うということが基本です。

分け合わない人というのは吝嗇《りんしょく》、ケチと言われてイスラムではたいへんな罪悪になる。もちろん、おばちゃんたちはイスラムなんてまったく知らなかったのですが、期せずして一緒にお弁当を食べようよとさそったのは、きわめてイスラム的に正しいことでした。豚が食べられないと聞けば、おばちゃんたちは、じゃあ鶏肉にしようといって彼らの分もお弁当をつくってもってきたそうです。

そこからはじめれば何の問題もないのです。親切にしてくれた人に、恩を仇《あだ》で返すようなことをイスラム教徒はできません。

イスラム教徒は、客分として滞在するかぎりは、手前勝手な要求をしてくることはありません。ヨーロッパの人たちには、それがわからないのではないかと思います。彼らには客としての分をわきまえるという文化があることを知らないのです。

あるテレビの番組で、シリア難民のことを話したときです。日本でシリア難民を受け入れるべきかどうかをキャスターから聞かれたことがあります。「受け入れるべきでしょう、あれだけ辛酸をなめた人たちを助けるのは当然です」と私が言うと、「でも先生、文化が違うでしょ。ゴミ出しのルールとかわからないんじゃありませんか」と返ってくる。

どうしていきなりゴミの出し方から問題にするのでしょう。外国人を日本に受け入れるという話をしはじめると、なぜかすぐゴミの分別の話になります。でも、ふつうに考えればわかることですが、日本人だってゴミの分別を守らない人はいます。

ゴミ出しのルールは日本人にだって理解しがたいところがある。「毎日出してはいけない」「これは燃えるけどこれは燃えない」といった細かいルールが地域ごとにあり、私たちでも理解するまでに時間がかかるものです。それぐらい面倒なルールを覚えてもらうには、それなりの時間がかかるというだけのことです。

日本人にむずかしいルールは彼らにもむずかしい。日本人に理解できることは、基本的に彼らにも理解できる。ふつうに考えれば、そういうことでしかないはずです。

「ハラール・ビジネス」はここがヘン

ハラール・ビジネス。最近、日本でも流行していますが、私は違和感を抱いています。

ハラールとは本来、イスラム法によって許されているものや行為を総称する言葉ですが、い

ハラール認証マーク。左上から上段が日本、マレーシア、シンガポール、下段がフィリピン、タイ、ブルネイ。

ま日本でハラールといえば、「イスラム教徒が食べられるもの」という意味で使われることが多いようです。反対に、イスラム法によって禁止されているものや行為は、ハラームといいます。ハーレムというのも同じ意味。スルタンの宮殿でスルタン以外の男性の立ち入りが「禁じられた」空間を指していたのです。別に、何人もの女性をはべらせて調子に乗っている人のことじゃありません。

そもそも、われわれはイスラム教徒ではないので、ハラールとして許されているものが何かはわからないのに、ハラールがビジネスとしてひとり歩きをして、流行のようになっているのはおかしなことなのです。

以前に比べて、イスラム教徒が日本でも身近になってきたことは確かです。私の大学の同僚にもイスラム教徒の人がいますし、留学生も増えてきています。そこで、大学の生協に頼んで彼らに食事を出しましょうと提案すると、最初、生協からは、こういう答えが返ってきました。

「ハラールの認証をとるのはたいへんなんですよ。お金がかかっちゃうし、肉を輸入したらコストがかかるし」

イスラム教徒の人たちに食事を出すなら、ハラールの認証をとらなくてはいけないとどこかで〝入れ知恵〟されたようです。ハラール認証というのは、どこかイスラム圏の国の機関が、食べ物の製造工程や調理の工程を検査して、豚やアルコールを使わずに、あるいはそれらと混ざることなくつくられているかを確かめ、合格になるとハラールと認証されたことになるようです。もちろん、講習や検査を受けるためにはお金がかかります。

でも、本当はそんな必要はなさそうです。

たとえば、「多数がイスラム教徒でない人の中に少数のイスラム教徒がいる場合には、一神教の国から輸入した肉なら食べていい」というイスラム法学上の見解があります。日本にいるイスラム教徒の人たちには、そのままあてはまります。キリスト教圏の国からの輸入肉なら（豚は除く）食べてもいいということです。

『コーラン』の豚肉禁止のところにも「好き好んで食べてはいけないが、無理強いされたり、他に食べるものがなかったりしたときには食べていい」と書いてあります。

「正直に」知らせてあげる

神様からのダイレクトメッセージとして、神の言葉がそのままムハンマドに降りたものが『コーラン』ですから、イスラムにおいて『コーラン』を上回る規定はありません。

それに、豚肉を食べてしまってもイスラムには罰則があるわけではありません。悪い行いとなるので、最後の審判のあとの「楽園」か「地獄」かの判定にはマイナスということになるかもしれませんが。

ここでもうひとつ、非イスラム教徒の側が気をつけるべきことがあります。

「豚肉の禁止といったって、それは昔、豚が不浄な生きものだと思われていたからでしょ。今はきちんと、衛生的に育てられてるんだからいいじゃない」

これだけは、イスラム教徒には受け入れられません。神の命令である以上、後の世になっても覆《くつがえ》せないのです。だから不合理な宗教だと思ってしまうと、イスラム教徒とつきあうのはかなり難しくなります。私たちは、物事の善悪を自分の頭で考えようとしますが、彼らは、神が下した命令をもとに考えるからです。でも日本人だって、アメリカ人だって、とことん理性で行動できるわけじゃありません。クジラを食べることに「なんておぞましい」と言う人もいれば、血のしたたるステーキに目をそむける人もいることを考えればあきらかです。ちなみにイスラム教徒は、血がなければクジラは食べられますが、血の残っているステーキは牛でも羊でも食べられません。血を食べることが『コーラン』で禁じられているからです。

何が入っているかわからないまま食べるというのはイスラム教徒の人たちも気持ちがよくないでしょうから、日本のように圧倒的多数がイスラム教徒ではないところで何をしてあげられるかといったら、どんな食材が使われているか、どうやってつくったかを「正直に」知らせてあげることです。

一神教の国、たとえばブラジルから輸入した肉なら、ブラジルはキリスト教徒の国ですと書けばいい。「われわれには、イスラムのルールにのっとって失血死させたかどうかまではわからないけれども、もしそれでよかったらどうぞ食べてください」。

イスラム圏からの輸入肉なら「ハラールだと言われている輸入肉で作ったものです」。そう書けばいいのです。

それを食べるか食べないかはイスラム教徒に委ねればいい。このような主旨のことを京都の商工会議所に呼ばれたセミナーの中でお話ししたら、聴衆のみなさんは、拍子抜けしたようでした。

ハラール認証をとるために、高額の費用を払って講習に行ったりするようなことは、必要のないことです。

ハラールかどうかを決められるのは神様だけ

ハラール・ビジネスに対して、イスラム教徒の先生が怒っていたことがもうひとつあって、それはイスラム教徒ではない人にハラールとは何かを伝えることに関わっています。

イスラム教徒が、イスラム教徒でない人に、何がハラールで何がハラールではないかを教えるということは、いわば神のメッセージである『コーラン』を教えることになります。それは、「神の言葉を人が伝える」ということですから、そのことでお金をとるには抵抗があるというのです。

イスラムでは、何がフェアな商売かということを非常に厳格に決めます。その中で、神の言葉自体を商売にしていいとは言っていない。そう考えると、ハラール・ビジネス自体が禁じられたもの、ハラームであるということになります。

国土交通省の観光庁からも、ハラールについて聞かれたことがありますが、同じことを伝えました。そして、日本政府はハラール・ビジネスに関与すべきでないという意見を伝えました。

実際問題として、いまハラール・ビジネスを展開しているのは東南アジアのある国の機関が中心ですが、そもそもその国はイスラムによって統治されるイスラム国家ではありません。

かりに、「これはハラールですよ」とお墨付きの食品を日本政府が推奨したところで、他の国のハラール認証機関がやってきて、うちの認証こそ本物と言われたらどうするのでしょう。

また別の国の人がきて「イスラムといえばうちが本家に決まっているじゃないか」と言われたら収拾がつかないことになります。だから「およしなさい」と言ったのです。

いまのイスラム教徒の国々のなかで、どこが、正しいイスラム国家なのでしょうか？　私はイスラム教徒ではないので断定はしませんが、どうも、そういう国があるようには思えません。

私たち非イスラム教徒がイスラム教徒と向き合うときは「正直である」こと、それがいちばんなのです。

いかにして酒は「禁止」となったか

イスラム教徒の知り合いが日本にやってきたときは、私もよく一緒に食事に出かけます。うちの大学のイスラム教徒の留学生に「日本の食べ物で何が好き?」と聞くと、「うどんが好きです」という答えが多かったです。天ぷらが好き、豆腐が好きだというイスラム教徒の友人もいます。

彼らのなかには日本食が好きな人もたくさんいます。ただ、どんな食材が使われているかはどうしても気になりますから、一手間かかりますが「使っている材料はこういうものですよ」ということを、英語で書いてメニューにつけてもらえると、彼らは安心するでしょう。

和食の店は基本的に豚肉を使うことは少ないでしょうし、豚肉がだめなら鶏肉にかえればいいのでさほど大きな問題はないと思いますが、気を遣いたいのはお酒です。

『コーラン』には、お酒はいけないと書いてあります。イスラムが生まれた当初には、どうもお酒(たぶんワインでしょう)を飲んでいたようですが、あるときムハンマドのまわりにいた門弟が酔っ払ってしまい、礼拝のときに『コーラン』の章句を間違えてしまった。それでこれはいかん、ということになって禁止されたようです。

彼らは酒と掛け矢についておまえに問う。言え、「その二つには大きな罪と人々への益が

あるが、両者の罪は両者の益よりも大きい」。(2章219節)

信仰する者たちよ、おまえたちが酔っている時には、言っていることがわかるようになるまで礼拝に近づいてはならない。(4章43節)

信仰する者たちよ、酒と賭け矢と石像と占い矢は不浄であり悪魔の行いにほかならない。それゆえ、これを避けよ。きっとおまえたちは成功するであろう。(5章90節)

悪魔は酒と賭け矢によっておまえたちの間に敵意と憎しみを惹き起こし、おまえたちをアッラーの唱念と礼拝から逸らそうとしているにほかならない。これでおまえたちも止める者となるか。(5章91節)

上にあげた三つの章句を比べると、酒には良いところもあるけれど、悪いところがより大きいというのが最初にでてきますので、当初は、賛否があったということでしょう。

二つめの章句では、酔っているときは礼拝するなというのですから、酒を飲んでいたことがわかります。そして最後に、これから先はもう禁止という啓示が神から下されたのです。これで全面禁止となります。

だんだんと酒が禁止されていったことについて、『日亜対訳 クルアーン』(中田考監修、中田香織／下村佳州紀訳、作品社）の解説をみてみましょう。イスラムの初期において、信徒たちも酒を飲んでいた。あるとき、信徒の集まりの席で酒を飲んだ後に礼拝したところ、「言え、不信仰ものたちよ、おまえたちが仕えるものに私は仕える」（109章）と言ってしまった。「私は仕えない」と言わないといけないわけですから、これは大問題になった。でも、それでもどうやら初期の信徒たちは飲酒をやめなかったようで、鯨飲馬食《げいいんばしょく》のあげく、信徒どうしでけんかになり、ラクダの顎《あご》の骨で頭をなぐって大けがをさせてしまう。門弟のウマル（二代目の正統カリフになる人）が神（アッラー）に、酒についてはっきりした判断を下してほしいと頼み、神から預言者ムハンマドに対して先述の「5章90－91節」が下されたというのです（同書63－64ページ）。

非イスラム教徒からみると、このプロセスは、ムハンマドが門弟の求めに応じて、禁止することにしたかのようにみえます。ここが、イスラム教徒と非イスラム教徒の発想の根本的な違いになるのですが、イスラム教徒は「神が最終的に禁止の命令を下した」と解しますので、それ以後、他の章に「益もある」と書いてあるのだから、ちょっとなら飲んでもいいんじゃないか、というような解釈は決してしません。ここは、非イスラム教徒が『コーラン』を読んだときに勝手に解釈しがちですので、注意が必要です。

どうして「飲酒」でむち打ちの刑なのか

『コーラン』が禁止していることを破ったとき、身体刑の罰が科される罪とそうでないものがあるのですが、「飲酒」にはむち打ちの刑という身体刑の罰がついています。身体刑がついているということは、罰としては重い。豚肉を食べてもむち打ちの刑はないのですが、「飲酒」はむち打ちです。

私たちは酒を飲んだぐらいで、なんでむち打ちの刑なんだろう、と思いますが、神の言葉である『コーラン』の章句を間違えて読んでしまった、これはイスラムの根幹にかかわることですから、自戒を込めて身体に罰を与えるのだと私は思っています。

身体に罰を与える刑のなかで、飲酒のように量刑が最初から決まっているものについては、人は刑を軽くしたり、重くしたりすることができません。神(アッラー)の大権とされているからです。

イスラム教徒は、これらのことについてもいちいち理由を詮索したり勝手に解釈したりすることはありません。合理主義や科学至上主義の教育を受けた非イスラム教徒は、すぐに「どうして豚はダメなの？　どうして飲酒はダメなの？」と考えて合理的な理由を見出そうとしますが、イスラム教徒はアッラー（神）が定めたことには詮索をしません。絶対者の決め事なのですから。

日本でイスラム教徒の人をもてなすときは

さて一方、『コーラン』には天国、楽園の様子が具体的に描かれている箇所があります。その楽園には、さんさんと流れる川が何本かある。水の川と蜜の川とミルクの川と、もう一本、酒の川がある。

天国に行ったら酒の川で浴びるほど飲みたかったのでしょうか。この天国の酒は飲んでも頭が痛くならないとも書かれています。

ということは逆に考えれば、飲んだら頭が痛くなると知っていたということでしょうが、こう思ってしまうのもイスラム教徒でない人間が『コーラン』をムハンマドの創作と考えているからです。

少し、『コーラン』のなかの酒と楽園についての記述を紹介しましょう。

畏れ身を守る者たちに約束された楽園の喩《たと》えは、そこには腐ることのない水の川、味の変わることのない乳の川、飲む者に快い酒の川、純粋な蜜の川がある。（47章15節）

ただし、選別されたアッラーの僕《しもべ》たちは別である。（37章40節）
それらの者、彼らには（楽園で）既知（定め）の糧がある。（37章41節）
（つまり）果物が。そして、彼らは厚遇される。（37章42節）
至福の楽園の中で。（37章43節）
寝台の上で向かい合って。（37章44節）
彼らには（酒の）泉からの酒杯が回される。（37章45節）
真っ白で、飲む者に美味である。（37章46節）
それには悪酔いはなく、彼らはそれに酩酊《めいてい》することもない。（37章47節）

これらの章句から明らかなように、酒について肯定的な評価は楽園、つまり天国の描写にしか現れません。

その一方で、これらの章句の前後には、不信仰者やイスラム教徒でありながら罪を重ねた者たちが最後の審判のあとに放り込まれる地獄の描写がともなっていることが多いのです。イスラムの地獄は、炎熱地獄で、業火に焼かれつづけるありさまが描かれます。熱湯やどろどろの膿《うみ》を飲まされつづけ、火に焼かれるのです。

さて、話をイスラム教徒へのおもてなしに戻しましょう。お酒については、気配りをしておきたいところですが、料理の中に少しだけアルコール分が含まれている場合もよくあります。そういうときはどうしたらいいか。たとえば、醬油。中に含まれる微量のアルコール分のために口にしないイスラム教徒はいます。一方で、醬油を飲んだって酔っ払わないんだから構わないというイスラム教徒もいます。

つまり、微量のアルコール分をどうとらえるかは人それぞれ。アルコールの存在を忌避《きひ》する人と、問題は酔うかどうかであり酔わないならば構わないという人の両方がいるということになります。

つまり、「この醬油はアルコール入ってますよ、もし入っていないのがいいのであれば、値段は高くなるが、こういう醬油もあります」と書けばいいのです。

あるいは、「料理のプロセスで醬油やみりんを使いました、でも煮切ってあるから、アルコール分は飛んでいます、一歳の赤ん坊が飲んでも酔っ払いません」。そう書けばいいのです。「日本のあれだけ厳しい交通ルールでも、出汁に醬油や酒を使ったうどんを食べたからといって酒気帯び運転にはなりませんから」と言えばいいのです。

そういうことを商売にするハラール・ビジネスというのは、イスラム教徒ではなくても、実に傲慢なことだと思います。イスラムをよく知らない日本人をおどして金をとっているようなものですから賛成できません。

これについては同志社大学の同僚として働いているイスラム教徒の先生たちも、同じ意見でしたので、同志社大学ではハラール認証をとってはいません。正直に、この料理はこういう食材と調味料を使ってつくっていますよ、それでよかったら食べてください、と記すようにしています。

「ハラール認証をとってお酒も出す店」は本当にハラールなのか

お酒についてもうひとつ言うと、イスラム教徒の人たちが、「こういうやり方はよくない」と怒っていることがあります。それは、お店の外に「ハラール」という看板を出しておきなが

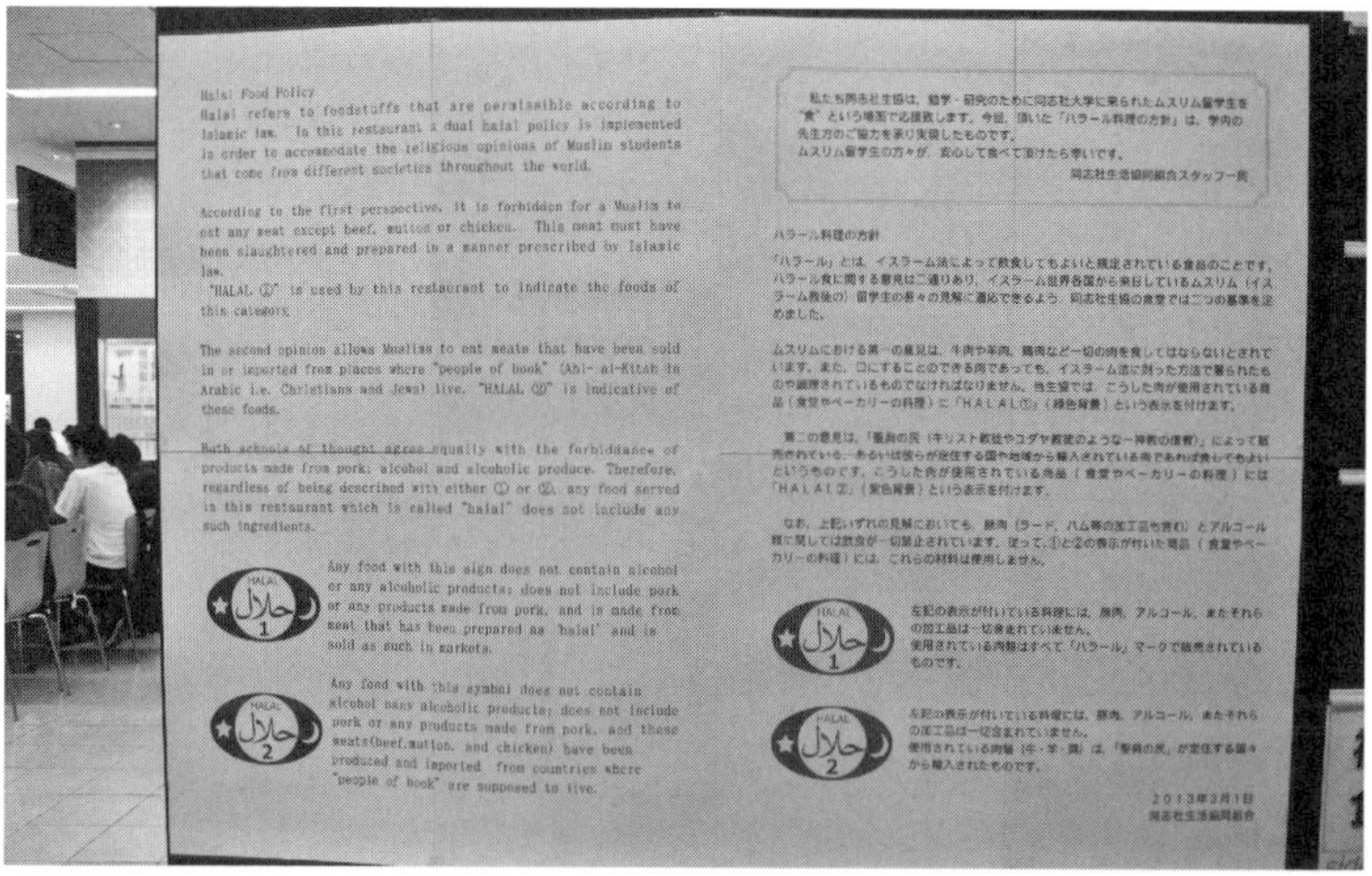

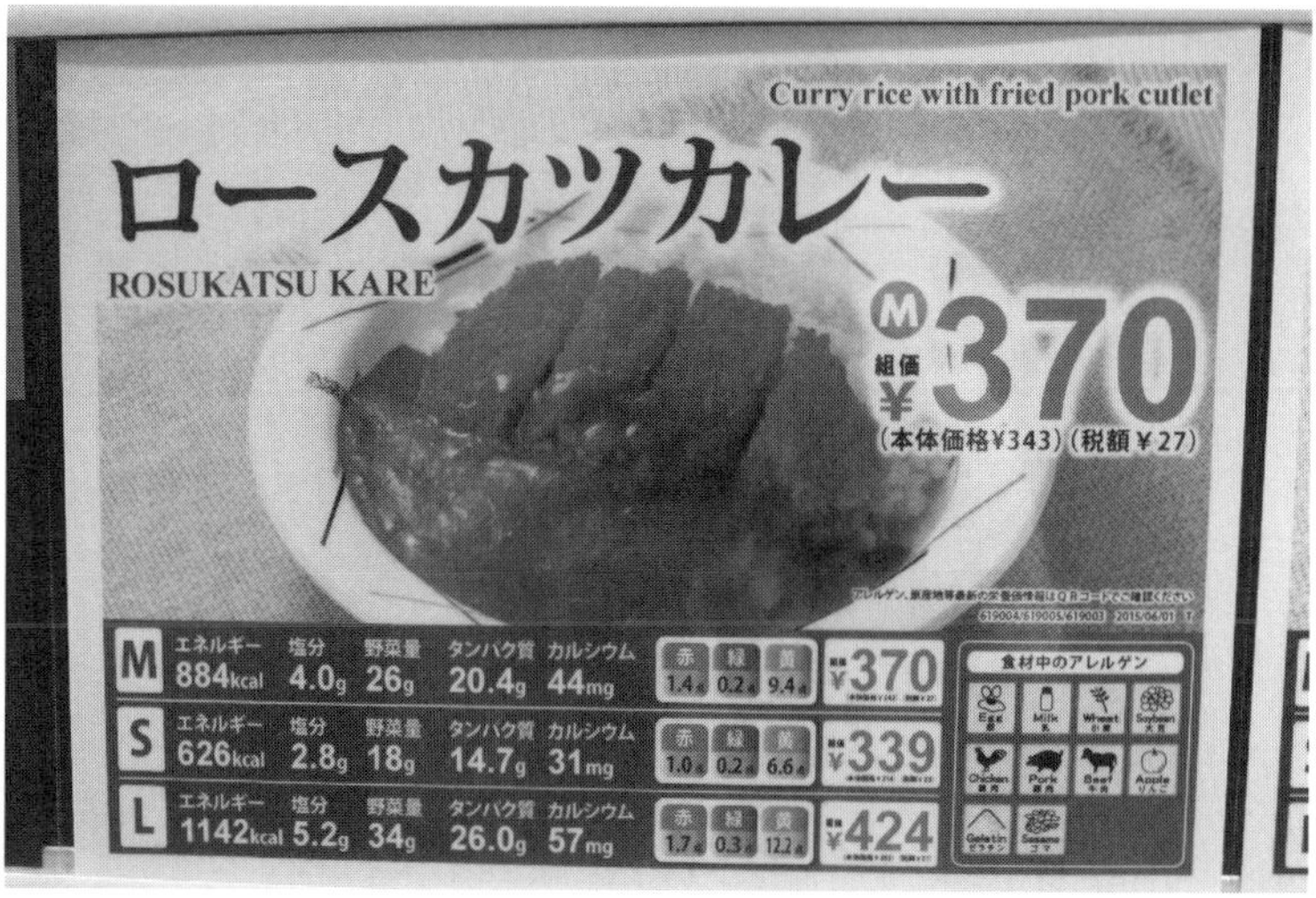

（上）同志社大学良心館にある食堂に入ると、入り口に大きな看板が。大学のハラール・ポリシーの説明付き。

（下）それぞれのメニューには、なんの食材を使っているかが細かく記載されている。英語で「豚肉の料理」と表記が。

ら、お酒を出す店です。

そういうお店は東京にも大阪にもあるのですが、日本人の感覚からすれば、料理はハラールのものを出しています、でも日本人のお客もくるからお酒も置いています、ということでしょう。

でもイスラム教徒にとっては、表に「ハラール」という看板があるなら、店ごと全部ハラールだということになります。だから、中で酒類を提供していたらハラールにはならないのです。

お酒も置くなら、店の外に「ハラール」と出さないで、メニューの中に「これはハラールですよ」と書いてくれれば良心的なのですが、たいていはハラール認証をとるのにお金を払っていますから、店全体を「ハラール」としてしまう。

そう書いてあるのにお酒を置いていると、逆にイスラム教徒の人は「わかっていないじゃないか」と怒ってしまいます。

イスラム教徒と仲良くする一番の方法は、「正直であること」です。中途半端な理解で、高いお金を出してハラール認証をとることではありません。

イスラム教徒と一緒に食事に行くときは、どうしたらいいの？　と聞いてみてください。そう聞かれて「そんなことも知らないのか」と言うようなイスラム教徒は、まずいないでしょう。もしいたら、あなたの態度は傲慢だと告げてください。まじめなイスラム教徒は、決して、威張らずに自身の信仰と日本の食文化のどこで折り合いをつけるか、あなたに相談するはずです。

繰り返しますが、ハラールかどうかとは、そもそも神にしかわからないことです。ある瞬間に限っていえば、それがハラールかどうかは人間にも判断できますが、たとえば認証をとった一年後も同じようにハラールであるかどうかという保証はまったくありません。

そんな認証があるかどうかでイスラム教徒が満足することがあるのかといえば、あれば安心する人もいるでしょうし、何を食べるかは自分で判断するという人もいるでしょう。

肉入りの料理は説明を、魚は基本的にOK

京都のある割烹《かっぽう》にイスラム教徒を連れていったときに気づいたことなのですが、ポテトサラダなどのおばんざいの中に入っているハム、こういうものはチェックしておいたほうがいいでしょう。ハムはたいてい豚肉でつくられていますから。

観光客に人気の京料理についていえば、そもそも豚が入っている料理が少ないので、ほかのものはさほど気を遣う必要はないと思います。

中国の料理は、日本の場合、残念ながらかなり難しい。豚肉やその脂を使っていることが多いからです。中国には、清真といってイスラム教徒向けの料理をだす店がどこにでもありますが、日本では、あるのかどうか知りません。ラーメンについては、最近、ハラールのお店がでてきたようです。

イスラム教徒をお招きしたときに彼らの食べ方を見ていると、肉は素性のわからないものが多いので一般的に避けるようです。反対に、魚は大丈夫。基本的にすべて許されています。くじらは哺乳類ですけれど、問題ないそうです。水の中でしか生きられないものは食べてもいいということになっています。

野菜はハラールかハラームかという規定そのものがありませんから、他に禁止されている食材や調味料が使われていなければ、基本的になんでも食べていいということになります。

お店によっては食器やまな板など、アルコールで消毒しなくてはいけないというルールがあるところもありますが、アルコールで消毒してもあとで水を流してアルコールが残っていなければ別にそれでいいといわれています。そのことをちゃんと説明したうえで、これも召し上がるかどうかはみなさんで判断してください、ということです。

アルコールで消毒していいのかどうかを気にするなら、アルコール以外で消毒できるものをむしろイノベーションで開発したらいいと私は思っているのですが、どうでしょう。

お酒の文化が残っている

日本で売られている、アルコールゼロのビール風の飲み物。アルコール分を限りなく下げた、というつくり方であればイスラム教徒は飲まないと思いますが、最初からアルコールが入っていないビール風飲料であれば飲めるでしょう。とはいっても、いままでお酒を飲んでこなかった人が、あんな苦い飲み物を喜んで飲むとも思えませんが。

トルコで保守的な人の食事会などに招かれたりする場合、出てくるのはヨーグルトに塩を加えたドリンクです。アイランといって、インドのラッシーと違ってまったく甘くない飲み物です。ヨーグルトと料理を一緒にいただくのは、日本人には難しいこともあります。

トルコには、お酒の文化は古くからあります。飲むか、飲まないかはイスラム教徒自身が決めることです。矛盾することを言うようですが、トルコという国は、いまのところ世俗国家といって、個人の信仰に国家は干渉できないという憲法上の原則をもっているのです。ですから、サウジアラビアやイランのように酒を禁じてはいません。それどころか、ビール、ワイン、ラクのメーカーがあります。

いまの政権はイスラム色が強いので、酒に敵対的ではありますが、まだ、憲法を変えるところまでいっていませんので、飲みたければ飲むことができます。

伝統的なお酒のひとつにラクという、ぶどうから造る蒸留酒があります。透明ですけれど、水をいれると白濁して、アニスのひじょうに強い香りがします。その香りが石鹸くさいという人もいて、日本人は好みが分かれますけれども、似た酒は地中海地方にいくつもあります。ギリシャではウゾ、シリアやレバノンではアラックといいます。フランスのパスティスも似ていますね。

こうしてお酒を飲む文化がいまでも土地の文化として残っていることからもわかるように、イスラム以前からお酒は飲まれていたはずです。『コーラン』に出てくるお酒は、ワインだろうと言われています。

たしかに、トルコでも、ぶどうがあれだけとれますからお酒は早くからあったにちがいありません。乾燥していて糖度が高いぶどうです。うまく発酵させればお酒になります。蒸留の技術は中世の頃にはあったことがわかっていますから、ラクのような蒸留酒もその頃にできたのかもしれません。

トルコやシリアの料理を見ていると、どうみても酒の肴だろう、お酒なしにこれを食べるのは無理があるんじゃないかなというものがあります。それもお酒文化の名残なのでしょう。

逆にまったくお酒と合わない料理というのもあります。

トルコやシリアなどの地域ではヨーグルトをソースに使うのですが、これはお酒に合わない。もっとも、非イスラム教徒の私が勝手に言っていることですが。

一方で、焼きもの系統というのはお酒に合います。ケバブ（アラビア語圏ではカバブ）にしてもそうです。おもしろいのは、トルコで見ていると、ケバブ屋（ケバプチュ）と名乗っているところでは、酒を絶対に出しません。ところが炉端《ろばた》焼（オジャクバシュ）と書いてある店では、出てくる料理はケバプチュと同じなのに酒を出します。

こういうふうに、ていねいに見ていくと、この店はお酒を出すが、この店は出さないというのがちゃんとわかるようになっています。

もうひとついわゆる家庭料理、煮込みの系統は、どうもお酒に合わない気がします。どうしてだか、はっきり説明がつきませんが。家で食べるものというのは、もともとお酒と一緒に食べていたのではないのでしょう。オリーブ油、トマトソースあるいはヨーグルトのソース、これらがつくりだす風味のハーモニーが酒をひきたててはくれないのです。料理の旨みそのものが勝ってしまうところがあります。

「キョフテ」は酒文化の名残り？

ひとつ特異な料理をご紹介しましょう。ナマ肉のキョフテ（肉団子）。これもお酒と食べもの関係からみて興味深いものです。

血が残っているものは食べてはいけないと『コーラン』にあります。ナマ肉のキョフテにも、もちろん血は混じっていないのですが、ナマ肉からどうやって血を抜くのか、というと、各種の香辛料やブルグルという挽割《ひきわ》り小麦を混ぜてすごい勢いで練るので、力学的エネルギーがしだいに熱エネルギーに変わって、どうやら血の気が消えていくようなのです。単に乾燥させてある挽割り小麦に血の気が吸い込まれただけかもしれませんが。

前に、この料理を名物とするトルコ東南部出身の友人と一緒につくったことがあります。二時間以上練らなくてはならないので、おそろしく面倒ください。そういう調理法でした。

食べてみると、もくもくする感じになるのでナマっぽさは消えていますし、スパイスがふんだんに入っているのでナマ臭さはありません。それを小さくまとめて、レタスの葉っぱの上に乗せて食べるのです。

このキョフテに合わせる飲み物が、トルコとシリアでは違う。トルコでは、キョフテを合わせるならヨーグルトドリンクやお茶ですが、シリアではアラック（ラク）とともにいただくことがありました。

キョフテは、いってみれば肉団子です。キョフテはトルコ語での呼び名で、チイ・キョフテといえばナマのキョフテのことです。同じものをアラビア語では、クッベナイエといいます。ただし、肉団子一般はクフタです。

シリアでは宴会の席で何度もこのナマ肉料理を食べました。お皿いっぱいに練ったナマ肉が供されます。スプーンですくってかたちを整えた肉団子の真ん中にくぼみをつくって、そこにオリーブオイルをたらし、それをしゃくって食べながら、一緒にアラックを飲むのですが、そのやり方が独特。

銀のお盆に山盛りになったクラッシュドアイスに、小さなグラスをさしてもってきたのです。飲むときは、冷えたグラスをクラッシュドアイスの山から引き抜いて、そこにアラックを注いで、きゅっと飲みほす。グラスがあったまるとまた次のグラスを引き抜いて、ナマのキョフテを食べてはアラックをキュッと、というふうにして繰り返すのですが、これは間違いなく古くから酒飲みの文化があった名残だろうと思います。

イスラム圏なのにお酒の文化が残っているとは、と意外に思われるかもしれませんが、シリアとレバノンの一部というのはキリスト教圏でもあるのです。キリスト教誕生の地というのはあのへんですから。つまり、いまイスラム教徒が多いからといって、文化のもとになっているのが全部イスラムかというと、そうではないということです。

第5章
ほんとはやさしいイスラム教徒

イスラムの「お祈り」とは？

イスラムのお祈り――これは、われわれ日本人に想像力が必要とされることのひとつかもしれません。

同志社大学は、ＪＩＣＡ（国際協力機構）のプログラムでアフガニスタンから若い官僚たちを修士課程で受け入れています。緒方貞子さんのライフワークですが、留学生を受け入れはじめて、もう五期ぐらいになります。

イスラム圏から留学生に来てもらう場合、お祈りの場所が必要だろうということは、日本人でもすぐに考えつきます。

でも、お祈りの場所というのは彼らにとってはさほど重要ではありません。お清めの絨毯さえもっていれば、その一角だけはクリーンだということになるのです。

大学としては、メディテーションルームというお祈りの場所をつくり、その場所でどうぞお祈りしてください、ということにしました。けれど、実は彼らが悩んだのは、お祈りの場所ではありませんでした。祈りの前にしなくてはならない体の清めをおこなう場所だったのです。

同志社大学の多目的用トイレにある、ガーデニング用のシンク。これで足を洗います。

お祈りの前に体を清めることをウドゥといいます。清めなくてはならないのは手や足、体の開口部です。彼らは、足をどうやって清めたらいいか、ということに悩みました。大学には足を洗う専用の場所というものはふつうありませんから、足を清めようと思えば、たとえば、洗面台とかキッチンに足をのっけて洗うしかない。彼らとしては致し方なくそうしました。それをたまたま他の学生に目撃され……クレームが来たのです。学生ラウンジの簡易キッチンのシンクで足を洗っている学生がいる、と。

当時の国際連携担当副学長に相談すると、多目的用のトイレの低い位置に、マンションのベランダなどにあるガーデニング用のシンクをつけることにしてくれました。そのシンクに足を突っ込んで洗えばいいわけです。そのアイデアは留学生たちにすごく感謝されました。

いざやってみると、マットがないとシンクのまわりが水浸しになってしまうということがわかり、先輩のイスラム教徒の留学生がマットを自分たちで買って来て対応しました。それ以来水浸しになるということはなくなりました。

大事なことは、そういう関係が受け継がれていくことです。

シンクの工夫について、イスラム教徒の学生たちはつくってくれとはひとことも言ってこなかったのです。お互いの文化に通じた専門の人間がいれば何が必要かということはわかりますから、対応はできるし、彼らも喜んでくれます。相互理解って、こういう一歩から始まることが多いんです。

日本では往々にして過剰にかたちから入ろうとするところがあります。ハラールにしても、礼拝のことも、習慣の違いにどう対応するかを過度に考える必要はありません。イスラム教徒のお客さんを家に招いたときは、礼拝の時間がくる可能性があるということを頭の片隅で覚えておけばいい。時間がきたらお風呂場でもどこでもいいので、足を洗う場所とタオルをちょっと用意してあげればいいのです。違いを受け入れるというのは、そんなことです。

ラマダン月後の夕食

ラマダン月の断食。

断食は、欲望を断ちなさいということでおこなわれるものです。飲食だけでなく、性の欲望についても、日の出から日の入りまでは断つということですから斎戒《さいかい》と言ったほうが適切でしょう。

大学では、一日の断食のつとめが終わったあとのイフタールという夕食をここ何年か提供しています。イスラム教徒の学生たちが自主的にやっていましたが、いまは大学主催でもやってくれるようになりました。

一日の断食が終わったあとの食事は、本来なら家族で食卓を囲むのが最大のよろこびです。留学中はそれができないので、家族に代わってわれわれがホストになるわけです。家族の代わりですから、この夕食会に招待するのは、留学しているイスラム教徒だけというわけにはいきません。同志社大学の留学生だけではなく、お友だちも来ていいというようにして制限をつけないことが大切です。お金が足りなかったらわれわれが出すから、来られる学生さんたちからはお金をとってはいけませんと話したところ、最初は「先生、大丈夫ですか？　うちの大学と関係ない人が来たらどうします？」と心配されました。

ここが、イスラム教徒とつきあうときに非常に大切なポイントです。イフタールの食事会には、誰でも、つまりイスラム教徒だけでなく、非イスラム教徒もみな招きます、と私が言ったのは、イスラムが人と人とを分け隔てしないことに基づいています。

私たちは、ともすれば、人と人のあいだに線を引きます。こういうお食事会をやるなら、誰がメンバーで参加できるの？　この人は良いけど、あの人はだめ、というように。もちろん、通常の会合ならそれで当然。イスラム教徒もそんなことは当然と思います。

しかし、たとえばこのイフタールは、一日の断食のつとめを守ったことを神に感謝し、そのよろこびを分かち合うものです。うちの学生さんだろうと、他の大学の学生さんだろうと、いや、学生さんであろうとなかろうと、さらには、イスラム教徒であろうと、なかろうと、来る者は拒まず、みな、そのよろこびを分かち合うのです。

先に、映画『最強のふたり』のことを紹介しました。主人公ドリスが、大富豪で障がいのあるフィリップに分け隔てなく接する姿勢。「分け隔てなく」が自然にあらわれるのが、イスラム教徒の特色なのです。

「もてなす心」は伝わる

一昨年、京都でハラールのおばんざいを開発したいという人たちが現れました。豚も使わず酒も使わないハラールのおばんざいなるものを、留学生のためにつくってくれたのです。それをイフタールの食事会にもってきてくれました。そういう試みがあるということは自然にイスラム教徒たちの間に広がります。

留学生たちは、最初はおっかなびっくりだったのですが、材料や作り方を聞いて安心したのか、だんだん集まってきました。そうした機会に触れるなかで彼らも、街中の和食の店でも、どういうものなら大丈夫かがわかってきます。それは、とてもありがたいことです。前章でハラール・ビジネスに対して批判的に書きましたが、こういうイスラム教徒とのコラボレーションのほうが、はるかに信頼関係を築くことができますね。

京都のおばんざいは種類も多くていろんなものがありますから、見ただけでは何が材料かわからない。そのとき、おあげは何でできている、ひじきは何で、というようにわれわれが説明してあげることで彼らも安心します。

こういうもてなしの心は、必ず伝わります。彼らはわれわれが何をしてもてなそうとしているかということを間違いなく理解します。

たとえば、夕食を一緒に囲んでいるときに、彼らはお酒を飲まないので、われわれも飲まない、というときがあります。それでこちらが構わなければそれでもいいのですが、でも飲みたい人がいたら飲んでもいいのです。われわれが判断をして自己規制することは余計なことといえます。

私たちに向かって、どうぞお飲みくださいという人も多い。ふつうはイスラム教徒も交えての食事会であっても、お酒をそこで飲むか、飲まないかということに、必要以上に配慮することはないと思います。

しかし、酔って大声で話したり、暴言を吐いたり、異性に触れたり、性的な話題をもちだすことをイスラム教徒はひどく嫌います。そのことは覚えておくべきでしょう。

「夫婦一緒にどうぞ。もちろんお子さんも」

子どもを大切にする、年長者に敬意を払う、この二つが大切です。それと女性を大切にすること。

家の中でいちばん大事な人はお母さんです。イスラム教徒に聞けばみんなそう言います。なんといっても母親の力が、家ではいちばん強い。トルコで夫婦喧嘩の最中に聞こえてくるのは母ちゃんの怒鳴り声だけです。父ちゃんはひたすらおろおろしていることが多い。

もちろん、ドメスティックバイオレンス（ＤＶ）で夫の側が妻を虐待するということはありません。ただし、敬虔な信徒になるほど、実は問題は起きません。私の知るかぎり、イスラム教徒のほうが日本やヨーロッパと比べてＤＶの発生率が高いということはないようです。言うまでもないことですが、人に対して優しくあることは、イスラムの根本的な価値であり、女性に対して守ろうとする意志はことのほか強いからです。

イスラム教徒を家に呼んでもてなすときに気をつけたいのは、夫婦一緒にどうぞ、ということ。イスラム教徒は家族を重んじ、大事にしていますから、そこは配慮したほうがいい。私はいつも夫人とともにお招きします。お子さんがいるなら、もちろん、お子さんも。日本企業が、現地の事業所などで社員向けの催しをやるときも、家族全員を招くことです。逆に、一人で招くときは、こちらも一人で相手をするほうが気をつかわせずにすみます。

第2章でも触れましたが、家族の中でもとりわけ子どもを大切にするのがイスラム教徒です。ですから外で食事をするときにも子どもは一緒がふつうです。日本の高級レストランや旅館には、十二歳以下おことわりというところも珍しくありませんが、子どもが一緒にいられないようなやり方は非人道的なことと思われますから、ここはわれわれ日本人が配慮していねいに応対すべきところだと思います。

もちろん、「子どもお断り」という日本のルールに対して、彼らも差別だとは言いません。日本ではそうしているんだとは受け取るのですが、内心、かなり違和感はもつでしょう。家族の中でいちばん大事な存在である子どもをなぜ切り離さなければならないんだ、という気持ちになるはずです。

日本ではここは大人の空間だから、という考え方で通じますが、そういう考え方はイスラム教徒にはありません。

イスラム法によれば「不倫」は死刑？

満員電車で体が接触してしまう。これは日本人だけでなく、イスラム教徒の女性にはきわめて不快なことです。男性は何とも身の置きどころがなくて逃げだしたくなるようです。

日本の女性専用車両はきわめてイスラム的に正しいと思われているようです。イスラムでは、男女の身体接触が、性的な行動に結びつくものと考えているために、それを避けようとするのです。

ただし、実際に、男性が女性に対して、いつも接触を避けるかというなら、違うといわざるを得ません。「痴漢」はイスラム世界にも、いくらでもいます。

一方、多くの男性は、だからこそ、邪念が起こるシチュエーションは避けたいと考えます。ひところ、日本人の若い女性がトルコを旅行すると、しきりとハグがあいさつだ、みたいなことを言って抱きつく男がいました。これは、相手が日本人のため、イスラム教徒の女性に対してはやってはならないという規範がくずれているからで、決して、応じる必要などありません。そもそも、よほどの信頼がないかぎり、イスラム教徒は家族以外の異性間でハグなどしません。

ここにイスラム教徒がどういう人たちかを知るうえで大切なポイントがもうひとつあります。

性に関することです。イスラムではセックスは夫婦に限定されます。だからといって、婚姻外の性交渉がないわけではありませんが。

イスラムの法では、既婚者の姦通《かんつう》については「投石による死刑」と決まっています。投石して殺すわけですから、たいへん残酷な刑罰ですが、この罰し方も飲酒に対する刑罰と同じで

「アッラーの大権」に属することで、量刑を人間が変えることはできません。未婚者の場合は、むち打ち、追放となっています。

日本語では「不倫」というと、一応、不道徳な恋、道ならぬ恋の意味であって、「姦通」という生々しい言葉とはニュアンスがちがいますよね。しかし、イスラムでの話は、恋はどうでもいいのです。婚姻外の性交をおこなう、すなわち「姦通」に対して厳罰を科すのです。まあ、不倫関係にあって性行為をともなわないことはないでしょうから、結婚していない間柄のおつきあいというのは、イスラムでは厳格な禁止行為だということです。

さて、ここで誤解しないでください。『コーラン』や預言者の言行（スンナ）をまとめた『ハディース』に記載があるルールや罰則だからといって、それを現実におこなうかと言うなら、無理があるのです。

イスラムによって統治されている国ならば、イスラム法どおりに刑を執行することができますし、しなければなりません。本来、こういう国のことを「イスラムの国」と言うのです。でも、今は凶悪な暴力集団の「イスラム国」が、そう名乗っているので、「イスラム国家」と言うことにしましょう。

やっかいなことに、現実には、イスラム国家もどきならありますが、完全なイスラム国家は、この地上にはありません。どの国もイスラム国家を名乗るほどイスラム法が貫徹されてはいないのです。それでいて、あるケースについてだけ、イスラム法を適用するのは筋が通りません。

姦通の罪を犯したらどうなるか、ですが、結論として、イスラム教徒は姦通がひどく醜悪な罪であり、アッラー（神）の大権として投石による死刑とされていることを知っています。もちろん、最後の審判のあとは地獄行きで、全裸で地獄の業火に焼かれる罰が来世にまで及ぶことも知っています。

しかし、それでも姦通は起きます。現実には、未婚者どうしなら、結婚させてしまうということもありますし、そもそも現在のイスラム圏の都市部で学生生活をおくっているような若者なら、愛する者どうし、そういう機会をつくるでしょう。

既婚者のばあい、配偶者が怒って不倫相手を殺害することもありえます。そのあたりは、別に特段、日本と違うともいえません。

しかし、まれに、本当に投石による死刑が執行されることがあります。「イスラム国家」を名乗っている国で起きるのですが、欧米諸国は、残酷だ、野蛮だとここぞとばかりに非難します。

非難したければすればいいのですが、刑の執行をしている国が「うちはイスラム法にのっとって国を運営しているのだから、この方法で死刑にする」と言い張ると、議論は平行線をたどるだけです。

西欧側の理屈でいうと「内政干渉」になりますよね。でも西欧諸国は自分たちこそ人権の先進国だと信じていますから、非難します。イスラム国家側は、内政干渉というより、姦通は神が「投石による死刑」と決めたのですから、ほかにどうしようもないと主張するだけです。

非イスラム教徒の側が、いくら人道上問題だと非難しても、法の体系がまったくちがうつくりになっているので話が嚙み合いません。

ただし、さきほど書いたように、現実に、本当にイスラムによって統治されている国があるのかといえば〝ない〟に等しい。ですから、そこを突かれると自称イスラム国家の側も弱いところがあります。

アラビア半島の石油産出国のなかには、イスラム国家を名乗っていても、一部の王族が、ぜったいに禁じられている行為に手を染めていることがあります。それなのに、王族は咎《とが》められず、庶民はこの刑を受けるというのでは、そもそも、イスラムの法治国家ではない、ということになります。

現実には、ひとつの国の法律が、世俗的な西洋の法に近いものと、イスラム法から借りてきたものとを折衷《せっちゅう》している国もたくさんあります。

それに、トルコのように、イスラム教徒が国民の大半を占めているのに、法の体系にはイスラムをいれないと宣言して国をつくった世俗国家もあります。だからトルコの場合、酒もおおっぴらに造っていますし、姦通は日本と同じで、民法上の不法行為にはなりますが、刑事罰の対象にはなりません。

既婚者の不倫という罪は、当人が自白するか、当人と利害関係のない四人以上の男性の目撃証言がないと成立しないのです。しかも目撃されるべき場面は「完全に性器が結合された状態」ですから、イスラム法からしても、姦通の罪が成立することはきわめて稀です。よほどのばかでないかぎり、赤の他人の面前で、しかも婚姻外の性行為はしないでしょう。もちろん、夫婦であっても人目につくところで性行為におよぶことは禁じられます。こちらはイスラムだろうと西欧だろうと同じです。

この罪については、イスラム教徒、非イスラム教徒にかかわらず適用されます。ただし、あくまで、当該国がイスラムによる法治国家であるというのが前提です。でも、どうせ、いいかげんな国だろうなどと、たかをくくらないでください。その国が、うちはイスラム法で統治しているのだから、日本人でも、そういうことをすれば死刑だと言われると、助命嘆願はかなり難しくなります。

これは、飲酒や麻薬の所持でも、同じことです。

「セックス」と「子づくり」のイスラム的関係

一方で、矛盾しているようにも感じられるかもしれませんが、性そのものをうしろめたいものとする感覚は、イスラムにはありません。行為そのものは、秘めていなければなりません。しかし神の定めを越えてはならないという条件の下で、性は楽しむものである、という考え方をとります。性行為の結果として子どもができることは奨励されますが、子どもを授かるかどうかは、神の手にあることです。最近、トルコの大統領が子どもは三人以上つくりなさいと発言して問題になりましたが、敬虔な信徒にもずいぶん不快感を与えたようです。

この考え方は、日本人にとっても参考になるのではないかと私は思います。イスラムでは、お子さんができるかできないかは神が決めるのですから人間が口を出してはいけない。つまり、子どもができるかできないかは神様の領分。ですから、子どものいない夫婦を陰に陽にいじめるのは不道徳だという考えにつながります。

もちろん、イスラム教徒は、あれだけ子どもをかわいがるのですから、子どもができないことの悩みはあるはずです。でも、まわりがそれに追い打ちをかけるようなことはしてはいけない。そういうことが規範になっている。なかには無神経なことを言う人もいないわけではないですが、イスラム的には悪い行為です。

もうひとつ。預言者ムハンマドの言行録である『ハディース』を読むと、性交に関する記述が数多くでてきます。多くは、信徒が預言者に、こういうことをしてしまったけど正しいことか、いけないことか、と尋ねたのに対して、預言者ムハンマドが答えるというかたちになっています。

後背位での性交をすると、眼に問題のある子どもができるとユダヤ教徒から聞かされた男がムハンマドにそれを尋ねると、ムハンマドが否定したという話もそのひとつです。これは、性交の体位について、イスラムが干渉しないことを示す例です。キリスト教のほうでは、後背位を動物的だとしていやがったようですが、イスラムではそういう否定的な見方をしていません。ついでながら、いわゆる正常位のことを英語でミッショナリー・ポジション(宣教師の体位)と言います。真偽のほどは知りませんが、植民地にしていた地域でキリスト教の宣教師が推奨したという説もあります。しかし、性行為で何をしてもいいわけではありません。『コーラン』には旧約聖書にある「ソドムとゴモラ」の話が登場し、野放図な性を禁じています。とくに性器以外での性交は男女を問わず厳禁です。

断食の月（ラマダン）には、日中、食欲だけでなく、性欲も抑えなければなりません。昼の性交渉は禁止されていますが、それを破ってしまった男がムハンマドに打ち明けにくる。預言者は、食べ物をまわりの人に施すように諭すが、男は貧しくてそんな余裕はないと答える。ムハンマドは、到来もののナツメヤシを与えて、これを配りなさいと命じたという話も『ハディース』のなかにあります。人間が欲望に弱い存在であることを前提にしていると示す一例です。

イスラムにおいて、性交渉は夫婦のあいだで当然おこなわれる行為であり、逆に、そうであるがゆえに、イスラム的に正しい道を示すのです。しかし、より重要なことは、夫婦の性行為であっても、当人たちは、たえず、神を畏れながら、神が許した範囲で、その快楽をもとめるという点です。

ですから、神の示した規範を人間が逸脱してはならない。しかし、勝手に規制することも間違い。こんなことして良いのか、それとも悪いのか。何か規範がなければ悩まなくてはなりません。だからこそ、神がいてくれることのありがたさを感じるのです。実際の生活で信徒はさまざまな疑問にぶつかります。それに答えてくれるのがイスラムの先生、イスラム法学者なのです。だから先生はえらいんですが、『コーラン』や『ハディース』に精通していることはもちろん、主要な法学派の共通見解に加えて、過去の法学者たちの見解も勉強しなくてはいけませんから、大変なことです。

近代以降の西洋社会が、神から離れることで人間が自由を得ていくと考えたこととは、まったく、違う考え方です。イスラムは、神とともにあることによって自由を得るのです。この点でも、近代以降の西洋のものの考え方とイスラムとは、接点をもっていません。

「定め」を受けいれる

神の領分を侵してはならない。つまり、人間が生み出した技術によってすべてができるとは思っていないということです。ここから先は神の領分だから自分たち人間が手を触れるべきではない、という了解が成り立つ。それがイスラムの特徴です。

そのことは、何度も触れてきたように、人のストレスを減らします。非イスラム教徒の側が、ぜひイスラム教徒から学んでほしいのは、この点です。

おととしの暮れ、私の母が亡くなったあと、父が認知症であることがわかりました。直近の記憶がみごとに消えていく、十分ぐらい前のことを覚えていない、ということが起こる。

担当医は私の職業を知っていましたから、一生懸命、配慮しながら遠回しに説明しました。大学の先生をやっているような人間が、自分の父親が十分前のことも覚えていられないような状態になったと聞いたら、ショックを受けるのではないかと思ったのでしょう。でも、「そういう配慮はいりません」と私は言いました。

そういうことは起きうる。起きてしまったことを、なぜ起きたのだろうと追求してもどうにもならない。ならば、一種の「定め」のようなものとして受け入れる。という感覚です。この受け止め方は、イスラム教徒から学びました。

この未来に対する「定め」というのも、イスラム教徒が信じなければならない六信のうちのひとつです。日本語でいうときは「定命」ともいいます。

未来において何が起きるかということの責任までいちいち人間に帰してしまったら、ストレスが増えるだけです。まして病気に関することは、そういうことが多いでしょう。病気になった原因を追い求めて、これが悪かったからだ、あれが悪かったからだ……日本人はそういう堂々巡りの思考に陥って悩みすぎているのではないでしょうか。そのあげく、家族の関係まで悪化させてしまうのでは元も子もありません。

考えてみれば、認知症なんて増えるのはあたりまえです。ほかの医療が進んだために、昔なら七十歳ぐらいで亡くなった人が、どんどん長生きするようになれば、臓器としての脳も疲れてきます。

それを、なぜこんなことも覚えていないの！　と、まわりが言えば言うほど認知症の本人に対しても、介護する人間にもストレスをかけることになります。

起きたことは受け入れる。そこから先はあれこれ言ってもしかたないし、それは神の領分なのだから、触れないでおいたらどうだという感覚——こういうイスラム的な感覚は、日本人が抱えがちなストレスの連鎖を断ち切る力にもなるのではないでしょうか。

イスラムの「弱者救済」の生かしどころ

これからは高齢者の介護に力を入れたらどうか。そんなことをイスラム組織の人に言ったことがあります。高齢者を敬い大切にする。これもイスラムが大切にしている価値観のひとつですから、イスラム組織の力を高齢者の介護に生かしたらどうだ、ということです。

イスラム組織は、自分たちの教えを広めたいと考えて、学校をつくりたがります。キリスト教も仏教もやっていることですが、子どもたちに、その価値を教えたいのです。イスラム圏でやるのなら問題はありませんが、欧米諸国や日本で子どもたちを集めてイスラムの教育をすると、〝洗脳〟と思われてしまいます。

子どもが自立していく過程で、それを選ぶならかまわないけれど、自分のあたまで判断できるようになる前に、特定の価値観を刷り込むことには、私も抵抗があります。これは、私がイスラム教徒ではないから、そういう発想をしているのです。イスラム教徒にとっては、イスラム教徒であることが最善のことですから、親がイスラム教徒であれば、子もイスラム教徒として育てようとします。

ただし、『コーラン』のなかには、無理強いは禁物だという表現が何度も登場します。非イスラム教徒に信仰を強要することは、イスラムからみると間違いということにもなります。

日本でイスラム的な活動をやるなら、高齢者向けの介護施設をつくったほうがいいと私が言うと、彼らは、「そんなこと、言われたことがありません……」と考え込んでしまいました。

オランダのイスラム教徒向けの高齢者施設を見に行ったことがありますが、そこで働いていた人たちは、たとえば車椅子に乗っている人には必ずひざまずいて接していました。女性には女性の介護士さんが、男性には男性の介護士さんがついています。それはイスラム教徒が、あたりまえのこととして身につけていることです。そういうところを活用したら、と思います。

もちろん、宗教色のない施設もあるのですが、半世紀にわたってオランダで働いてきたイスラム教徒の移民たちは、晩年ぐらい、彼らの思うように生活したいそうです。個人主義のオランダの介護施設には、どうもなじめないということでした。

なんといっても、これからの日本の最大の課題は超高齢化です。その難題を乗り越えていくときの力として、イスラム的な徳目というものが、どんなふうにあらわれるのかを見せたら、教義がどうのこうのよりも、イスラムとはこういうものかということがわかるはず。そう彼らに話しています。

弱い者を助けるのは当たり前

東日本大震災が起きた二〇一一年には、トルコ東部のワンというところでかなりの人が亡くなった大きな地震がありました。日本の「難民を助ける会」からもボランティアが救援活動に行きました。しかし、余震でホテルが倒壊し、二人ががれきのなかに埋まりました。そしてそのうちの一人、宮崎淳さんが亡くなりました。

二人のうちの助かったほうの女性は、かつての教え子でした。彼女が、トルコに行く前に「何をしたらいいか」と相談に来たので、「牛を一頭買いして被災者に配ったら」と答えました。ちょうど、犠牲祭というイスラム最大の祭りのときだったはずです。この祭りでは、羊や牛を解体して、貧しい人、困っている人に肉を分けます。

被災地のテントひとつひとつを訪ねてそのとおりのことをやったようです。現地で大きく報道され、トルコの人たちは、日本人というのはイスラム教徒のことをよくわかっている、われわれがなにを必要としているかわかっていると評判になりました。

その彼らが、余震でホテルが倒壊したために、一人が亡くなり、もう一人は負傷して奇跡的に救出された――このことに、トルコの世論は激しく動揺しました。

トルコの人たちは、ふだんは世俗的な人を含めて、謝罪の気持ちを強く表しました。八五〇キロも離れた日本から救援活動に来てくれたのに、その人を死なせてしまった、なんと申し訳ないことか、と大騒ぎになりました。

非難の矛先《ほこさき》は、地震で被害を受けていたのに、ホテルの営業をなぜ認めた、と政府に向かいました。ホテルの経営者を処罰せよという声も湧き起こりました。

世論がそういうふうに動き出すと、政府も動かなくてはなりません。弱者の救済というのは、イスラム的にたいへん重要な義務です。被災者という弱者を助けるために日本から駆けつけたボランティアが命を奪われたとなると、イスラム教徒は居ても立ってもいられません。トルコの与党はイスラムの価値を訴える政党ですから、政府も国民の気持ちを無視できないのです。地震の犠牲者は、トルコ人のあいだに、もちろんたくさんいたのですが、日本人遭難のニュースは、トルコ人で知らない人はいないくらいの扱いになりました。

宮崎さんのご遺体を搬送するときには、イスタンブール空港の要人を送迎する施設が使われました。そこに日の丸を掲げ、政府からも多くの参列者がでて見送りました。成田空港に到着したときには、トルコ航空の乗組員たちが整列して迎えました。トルコにはいま、亡くなった宮崎さんの名前にちなんだ公園や通りがいくつもあります。

たかが民間ボランティアじゃないか、そこまでする必要があるのか、というような声は決して出てきません。そんなことを口にしたら、轟々《ごうごう》たる非難をあびることになります。

イスラム教徒とは、どういう人であるのか。ここにもその本質をみることができます。

この感覚は、本人の信仰実践の度合いとは、ほとんど関係ありません。敬虔なイスラム教徒であろうと、行動がかなりイスラムから逸脱したイスラム教徒であろうと、弱者を助けなければという思いについては、ほとんど差がありません。

このことは、イスラム教徒とつきあうときにも大切な点です。かりに酒も飲んでいるし、もう世俗化したんだろうと見えるようなイスラム教徒がいたとしても、その人がイスラムを捨てたと思ってはいけません。飲み会に一緒に来て酒を飲んでいるイスラム教徒に、この人は脱宗教化している、話がわかるじゃないか、という判断をしてはいけません。これは私がよく企業の方にお話しすることです。彼らはイスラムを捨てたわけではないのです。

彼らに「イスラム教徒でなくなるってどういう感じですか？」と聞いたときに返ってくる言葉。どんなに世俗的に見えるイスラム教徒でも決まってこう言います。

「人間でなくなる感じがする」

ここは、見誤ってはいけないところです。

第6章

日本人が気になる12の疑問

①イスラム教徒にはどうやってなるの？

イスラム教徒ではない人がイスラム教徒になる。どうすれば、なれるのでしょうか。イスラム教徒に尋ねると、唯一絶対の存在である神（アッラー）を信じ、神に全面的に従う。それだけだそうです。二人以上のイスラム教徒の前でそれを宣誓すればよい。モスクで入信式をすることもあるようですが、そういう儀式が条件ではありません。「だれがイスラム教徒になったか」ということは、突き詰めて言えば、神以外にはわからないのです。

宣言するときに唱える文句は「アッラーのほかに神はなく、ムハンマドがアッラーの使徒であることを私は証言します」という意味の「アシュハド　アッラーイラーハイッラッラー　ワアシュハドアンナムハンマダンラスールッラー」、これだけです。

「神を信じる」というと、言葉としては簡単に聞こえますが、一神教になじみが薄い日本人にとっては、すぐには飲み込めることではありません。どうすれば「神を信じた」ことになるのでしょうか。

イスラムの場合、「神を信じる」ということは、神に全面的に従うことです。神が人間に下したメッセージそのものである『コーラン』をそのまますべて受け入れるということに重なります。神の使徒であるムハンマドの言行（スンナ）も受け入れなければなりません。ただ、実在した人間が、ああ言った、こうした、という話には当然間違いが含まれます。スンナを記した書物を『ハディース』といいますが、いくつもの系統があるなかで、信頼性の高いものを参照することになります。ここはキリスト教と少し違うところです。

キリスト教の場合、『新約聖書』はイエスが生まれてから十字架にかけられるまで、何をしたか、何を言ったか、といういわばイエスの言行録です。その中に福音のメッセージが入っているとはいえ、イエスの言行録がそのまま神の言葉ではありません。イスラムの『ハディース』が、『新約聖書』に近いですね。

対して、『コーラン』は神からのダイレクトメッセージ、つまり、そのまま神の言葉です。その中には、イスラム教徒が守るべきルールに関することがたくさん語られており、人生のルールブックのような性格ももっています。それをすべて受け入れますか？　受け入れるなら神を信じたということになりますよ、というのがイスラムなのです。

信者ではない人からすると、神の言葉と言っているけれども、ムハンマドがつくったものだろう、と感じるでしょう。しかしイスラム教徒は、そうはとりません。イスラム教徒のことをムスリムといいますが、ムスリムというのは「イスラムする人」という意味です。「イスラムする」というのは、唯一の絶対者である神に帰依することを意味するのですから、『コーラン』の神の言葉を勝手に解釈したり、いまでは時代遅れのルールだよな、というようなことを言ってしまうと、イスラムしていないことになるのです。

『コーラン』にでてくる、「あれをしちゃいけない」「これをしろ」という細々した約束事を丸ごと受け入れなければ、神を信じるということにはなりません。ですから、内心で「神を信じます」と思うだけでは不十分で、「信じます」は「します」あるいは「しません」という行動規範を必ず含んでいるのです。

でも、『コーラン』にはちょっと笑ってしまうくらい、「神はなるべく楽なことを命じた」とか「無理強いしない」という表現がでてきます。神様（アッラー）は、よほど人間は言いつけを守らないと思っていたようです。

高校の教科書でイスラムの説明をしている箇所には、六信五行という言葉がでてきます。第2章で述べたように、イスラム教徒は、六つの信じなくてはいけないものがあり、五つのしなければならない行為があるということです。

六信のほうは、アッラー、天使、啓典、使徒、来世、定命です。五行のほうは、信仰の告白（さきほどの「アッラー以外に神はなし、ムハンマドは神の使徒なり」）、礼拝、喜捨、断食（斎戒）、巡礼の五つです。これらは「しなさい」の代表ですが、「してはいけない」もたくさんあります。

ただし、イスラム教徒がそのすべてを実践するかどうかは別の話です。私たち非イスラム教徒からみると、行動が必ずしもイスラムの教えどおりになっていないイスラム教徒をみることはいくらでもあります。大切なことは、そういう人に対して、あなたはイスラムの教えを守らないんですね、などと口にしないことです。

イスラム教徒として正しい道を歩んでいるかどうかを、同じイスラム教徒でさえジャッジすることはできません。まして、非イスラム教徒にはそんなことはできません。彼らにとって、神だけが、その判断をすることができるのです。そしてその判断は、最終的に、最後の審判のときに神によって天国（楽園）行きとなるか、火獄（地獄）行きとなるかというかたちでなされるのです。

非イスラム教徒の側は、おまえは酒を飲むのか、オレたちの仲間じゃないか、でもあいつは時代遅れの石頭だからテロでも起こすんじゃないか——そんなことを口にしてはいけません。

②殺人は民事？

イスラムの行動規範は、大まかに五段階に分かれています。

「ぜったいしなさい」「したほうがいい」「してもしなくてもいい」「しないほうがいい」「ぜったいするな」の五段階です。ただ、前にも少し触れましたが、行動規範と罰則規定の関係はイスラム的な論理の上に成り立っているものですから、近代西洋の価値の体系、法律でいうなら近代以降に西洋法の影響を受けてつくられた日本の法律の下で暮らしているわれわれの感覚とはまったく違います。

欧米の世界で評判の悪いイスラム法の罰則といえば、投石による死刑、むち打ちの刑、手首の切断、足首の切断……、なかなか厳しいものがいろいろあります。こうした刑は、ハッド刑と呼ばれていますが、どんな罪を犯したときにどのようなハッド刑が課されるかは決まっています。そして、ハッド刑については、先に姦通のところで書いたとおり、アッラー（神）の大権となっており、人が刑を軽くしたり、重くしたりすることは許されません。

ハッドというのは、「一線」のような意味で、神が定めた「一線」を越えたことに対する罰をこの世で科すもの。神が決めた「一線」を越えたわけですから、量刑を人間が左右できないと考えるのです。何が「一線」なのかは、千四百年前に神の啓示としてムハンマドに下ってしまったのですから、後の世に変えることはできません。

われわれの常識からすれば意外に感じますが、「殺人」はハッド刑の対象ではありません。死刑になるのは、先にも触れた「姦通」「姦通の誣告《ぶこく》（うそを言うこと）」「故意の棄教（故意にイスラムを否定した場合）」です。窃盗には手首（指もあるようです）や足首の切断、飲酒にはむち打ちの刑です。

ハッド刑が科される罪はそれだけです。

「姦通」や「窃盗」が死刑になるというのに、なぜ「殺人」にはそれに相当するようなハッド刑はないのか？

おそらくそれは、「殺人」は神と人との関係から起こるのではなく、人対人の関係から起こる出来事だからではないかと思います。私たちから見れば「姦通」も「窃盗」も人間どうしの間に起きることなのですが、これらの罪は『コーラン』で神が罰し方を決めたため、刑に人間が介在する余地がないのです。

「殺人」も大きな罪のひとつです。『コーラン』にはひとりの人間を殺すのは万人を殺すのと同じだという、非常に重要な殺人の禁止規定があります。遺族には、されたことと同じ程度の報復をしてもよいとする「同害報復」の権利があります。

個人の報復を認めないのが現代の西洋法ですから、ここはまた欧米に評判の悪いところで、やっぱりイスラムは「目には目を、歯には歯を」の復讐の文化かといわれます。しかし、「同害報復」とはだれでも報復をしていい、というわけではないのです。当事者間でなければできない。これが「同害報復」のルールです。つまり、肉親のだれかを殺された場合、その遺族には殺した相手に報復することが、権利として認められているということです。「同害報復」はあくまで権利ですから、遺族が血の代償として金銭での損害賠償を受け取るということも認められています。

はたして、これが非人道的で残酷なこと、と一方的にいえることかどうか。イスラム法と西洋法のあり方を冷静に天秤にかけながらみていくと、考えさせられることがさまざまあるように思えます。

③報復は正当？

二〇一二年、京都府内の亀岡で、無免許運転の車が登校中の子どもたちに突っ込み、三人が亡くなり、七人が重軽傷を負うという痛ましい事故が起きました。

運転していたのは少年です。無免許運転のうえ、居眠りが原因で子どもたちの列に突っ込んだと言われています。しかし、一〇人の子どもたちを事故に巻き込み、三人を死なせたこの少年が問われた罪は、自動車運転過失致死傷罪（この事故などがきっかけで二〇一三年に過失運転致死傷罪として新たに規定され、刑の最長は無免許の場合懲役十年となった）というものですが、のちに高裁が出した判決は、最長九年の不定期刑というものでした。

交通事故といっても、無免許運転を何度も繰り返したあげく、居眠り運転で一〇人の子どもたちを死傷させたわけです。その人間の罪が、最長九年の懲役で償われてしまう。そのことに、遺族がどんな気持ちを抱いたか。想像するに余りあることですが、ごく自然な感情としておかしなことに思えてなりません。日本の法律の下では、遺族がこうした判決に納得がいかなくても、検察官が上訴しないと判断すれば、判決がそこで確定してしまうのです。

被害者の遺族がもっと重い罰を科してほしいと願っても、自分では上訴（控訴や上告）はできないということです。遺族の権利を何より優先して考えるイスラム法と大きく食い違うところと言えるでしょう。

事故に遭って苦しんでいるのは遺族なのに、その遺族には上訴する権利がなく、被告と検察官にだけある。それははたして正当なことかどうか？

検察官はだれかを考えてみてください。彼らは法務省の国家公務員です。裁判官は最高裁に属している独立した機関の国家公務員ですし、弁護士は民間人です。つまり、こうした事故や事件の処罰を国家に委ねなくてはならない、というのがわれわれの法の考え方です。そこに、私的な復讐を禁じるという意味があるのは確かです。

そうはいっても、この亀岡の交通事故の例をもち出すまでもなく、ご遺族の感情からすると到底納得できないという場合が多々あるはずです。そのようなとき、被害を受けた遺族はどうなるのか、遺族の感情はどのように癒《いや》されるのか。これは大きな問題として残ってしまいます。

ひるがえってイスラムの法には、少なくとも遺族が裁判の埒外《らちがい》におかれるという理不尽さはありません。罰を与える権限をもっているのは、殺人の場合は遺族、窃盗の場合は「神」だけですから。そこに第三者である国家は介在しないのです。

ただ、何度も言うようですが、それはイスラムによって国が統治されていればの話です。今の世界では、イスラム法の裁判官はいても、イスラムによる統治を正しくおこなっていない国に雇われていれば、国家権力の介入を受けてしまうはずです。

もちろん報復というのがいいか悪いかというのは別の議論ですが、イスラムの法の考えは、あながち、ばかげたことだとは言えないと思うのです。

しかも、いまの日本の裁判制度というのは、裁判員という何の関係もない市民を国家による判断の巻き添えにしてしまいます。私は、この点にも疑問を抱いています。

そういうことは、イスラム世界ではありません。裁判官が裁量で刑を決めることができる犯罪はもちろんあります。しかしその場合、イスラムの法に通じていることが求められるのは言うまでもありません。素人の市民に刑罰の判断を委ねたりはできません。殺人の当事者ではない第三者が処罰にかかわることの正当性はどこにあるのでしょうか。

イスラムでは遺族以外に罰する権限はない。殺人は、当事者間の問題、つまり民事だととらえられている、ということです。われわれは殺人を刑事事件と思っていますけれど、その区分けに至る法観念が根本的に違っているのです。

いま、ヨーロッパでは死刑を廃止しています。このことを考えると興味深い点があります。ひとつは、国家権力によって人を死刑に処すことに疑問を抱くようになった点です。この点を私は冤罪《えんざい》の可能性を考えると評価します。

他方で、死刑を廃止した国が、偉そうに、死刑制度をもつイスラム（だけではありません、日本もそうです）を批判することがあります。批判するのは自由なのですが、フランスなどは一九八一年までギロチンによる死刑制度をもっていました。もっていたのに、それを廃止すると〝自分たちは進歩した〟と言い出すのが西欧の常。だから、いまもって死刑制度をもっている国や社会を、「野蛮だ、遅れている」と罵《ののし》るのです。

自分たちの制度変更は自分たちで評価すればよいことですが、途端に、他者を軽蔑しはじめるという精神構造は傲慢です。とくに、イスラムのように、罪と罰との関係にも、神の法としての性格が強く反映されている場合には、さきほど触れたハッド刑のように、量刑の変更は人にはできないことになります。こうなると、未来永劫《えいごう》、西欧諸国はイスラムを罵りつづけることになります。

④一夫多妻は本当なの？

一夫多妻。これはイスラムの象徴のように語られるもののひとつですが、たしかに『コーラン』ではこの一夫多妻が認められています。「四人まで」と『コーラン』には書いてありますけれど、欧米でこの話がもち出されるときはあえてその部分だけを抜き出して語られることが多いようです。

しかし、実は前段があるのです。「ただし孤児たちの案ずるならば」という条件が提示されたうえで「二人なり三人なり四人なりと結婚していいよ」とあり、しかし、「平等に扱えないんだったらやめておけ」という忠告もあとについています。

「ただし孤児たちの案ずるならば」というのは、千四百年ほど前のイスラム誕生の頃、宣教のための戦いで夫が亡くなった場合、残された妻と子どもを路頭に迷わせないように、その女性を引き取って重婚してもいい、という意味だったのでしょう。性欲に任せて複数の妻をもっていいと言っているのではありません。

そうはいっても、現実にいまのイスラム教徒のなかにも、『コーラン』で四人までいいと言っているのだから、いいじゃないか、と言う人もいます。実際、私が出会ったイスラム教徒のなかにも、男は一人の女性じゃ満足できんだろう、と堂々と言う人もいました。私は反論しました。

「おまえみたいなやつがいるからイスラムが西欧世界から誤解されるんだ。四人まで結婚していいという一文の前に、孤児のことを案ずるならば、という言葉がついているのを知らないのか？　しかも、『平等に処遇しないとダメ』という禁止に近い言葉も、その後に出てくるじゃないか」

そう言うと、たいてい相手は黙ってしまいますが、イスラム教徒でない私に言われたところで、そういう人が考えを改めることはないでしょう。現実には、『コーラン』の章句でさえ、自分に都合よく解釈するイスラム教徒がいるのです。

重要なのは、妻を複数もつなら「平等に扱え」というところです。

イスラムのルールに従うならば、結婚するときには婚資《こんし》というものを、男性の側から女性の側へ払わなければなりません。この婚資は相手の親に渡すのではなく、相手の女性に渡すお金で、離婚のときに取り返してはならないとされています。まあ、離婚するときの慰謝料をデポジットとして渡すようなものかもしれません。日本の法律では、男性に問題があって離婚するのでなければ、慰謝料は請求されませんが、いまは、たとえ協議で離婚する場合でも、財産の分与を要求できます。日本では、わりと最近になってそういうルールになりましたが、イスラムでは、最初からこのルールをもっていたことになります。

「平等に扱え」ということですから、この婚資も平等に妻全員に渡さなければいけません。

妻が増えるほど、用意しなくてはならない婚資も増えます。つまり、そこまでできるならおやり、ということです。

離婚の宣告は男性からしかできないというふうになっているので、これはたしかに不平等ですが、婚資のことを学生に話すと「悪くない」と言います。市民向けの講演で話すと、年配の女性たちからは「非常にいい」という反応が返ってきます。

結婚するときに、離婚したときに妻に渡しなさい、というのは、結婚式で永遠の愛を誓わせるキリスト教からすればとんでもないことかもしれませんが、イスラムでは「永遠」は神の手にしかありません。人間が永遠なんて誓ったってウソに決まっている、結婚するならできるだけ契約をフェアにしなさい、と言っているのです。

結婚するなら最初に離婚引当金を用意しろ。千四百年も前につくったにしては、実に慧眼《けいがん》ではないでしょうか。

イスラムが婚姻外の性交渉を厳しく禁じるのは、結果として、子どもに対する差別を生まないことにつながります。子どもを大切にするイスラム教徒の姿を、ここからうかがうことができます。ヨーロッパにも日本にも、婚外子をひどく差別してきた歴史がありますから、千四百年前に姦通の禁止と重婚の承認を決めてしまったことは、ある意味ではすごいことだと思います。

妻はみな平等に、ということは徹底されています。インドネシアのスカルノ大統領の夫人だったデヴィさんのことを、日本では「第三夫人」ということがありますが、結婚された順番で三番目ということはできても、妻の序列が第三位という意味ではありません。妻たちは平等ですから。

この、平等ということはあらゆる場面においてです。夜を一緒に過ごす回数も平等でないといけません。

ちなみに、最初に結婚した人が歳をとったから若い子も、という選択も可能ですが、妻に対しては性的な関係も平等でなくてはなりません。その覚悟がありますか。複数の妻をもつとは、本来、そういうことなんです。

実際問題としてはよほどの金持ちでなければ一夫多妻はできません。そして、平等な処遇ができないのに複数の妻と結婚した男性は、現世ではいい思いをしても、最後の審判のあとで、神は楽園（天国）に入れてくれますかねえ。イスラム教徒ではないので、あえて傍《はた》から無責任なことを言いますが。

一点補足ですが、さきほど「離婚の宣告は男性から」と述べましたが、実際には離婚の宣告は女性からもできます。

男性が生活費を渡さなかったとき、性的に不能だったとき、という条件がついているのですが、多くは裁判官を通じて男性側から宣言したという形をとっているようです。

男性に責任があれば、慰謝料も女性側から請求できます。いくらほしいかを言う権利は女性側にあります。金額はもちろん交渉になりますが、拒否権は女性側にあるということです。

イスラムにおいては、先に触れたように、結婚は基本的に契約です。

自動的に離婚が成立してしまう条件というのもあります。夫が「出ていけ！」と三回言うと離婚が成立してしまうのです。この「出ていけ！」を女性は宣言できないことになっていますから、これは不平等なルールですが、ルールの運用はなかなか巧妙のようです。

昔、NHKの教育番組で、実際にエジプトのアズハル（イスラム学の名門大学）にあるよろず相談所の実例を映像で使ったことがありました。若い奥さんが子どもを連れてイスラム法の先生のところに相談にやってきて、こう切り出します。「昨日うちの亭主が私に向かって、出ていけ！　と三回怒鳴ったのですが、これは離婚でしょうか？」と。

「離婚である」とまず法学者は答えるのですが、こう聞き返します。「しかし、亭主は本気でそう言っているのか?」「いや、これは喧嘩の勢いで……」というやりとりがあったあと、ならば亭主を呼んでこいということになり、やってきた亭主に法学者が聞くわけです。

「おまえは本気で、出ていけ! と言ったのか?」

「言いましたけど……」

「では、離婚する気か?」

「いえいえ、めっそうもございません、悪うございました」

結局、亭主は「おまえは近所の貧しい人に金を配りなさい」と法学者に言われるのです。亭主は近所の人にお金を配って歩かなくてはならないわけですが、当然ながら、周りの人からは「あんた何をしたの?」と言われますよね。亭主は軽はずみなことをしてしまったと反省する。

つまり、「出ていけ」を三回言ったら離婚というルール自体を抑止効果として使っていたのです。これは、たまたまそのときそうだったというのではなく、結婚を維持させるための知恵として、ずっとそういうふうに処理をしてきたのだろうと思います。そういう面を見ないで、ルールの表面だけをとりあげて、女性の人権を抑圧していると見るのは、早計だということでしょう。

⑤男女は不平等？

イスラム教徒ではない人間から見たとき、この問いも、しばしばイスラムへの批判に使われます。ところが、すでに書いたように、家庭のなかで一番力をもっているのはお母さんであり、大事にすべき存在もお母さん。「お父さんが一家の大黒柱」という感覚とは少し違います。一般論として、父親は外で働いて家族を養うべき存在ということになるようですが、どちらかというとそれは父親の義務であって、特権という感じではなさそうです。日本のように、仕事帰りに同僚と飲みに行くという（いまは減ったようですが）習慣はありません。もともと酒を飲まない人が多いわけですから、酒の代わりに夕飯を食べに行くかといえば、まず、行かないでしょう。食卓は家族と囲むものですから、家路を急ぎます。

それに、いまは携帯が普及しています。トルコでの話ですが、男たちのぼやくことといったらありません。奥さんが、何度も何度も電話をかけてくるからです。私は、短い出張のとき、仕事で運転手つきの車を借り上げることがあります。運転手さん、可哀想なくらい、しょっちゅう奥さんから電話がかかってきます。

「いま、どこなの？」

「お客さんを乗せてどこそこへ行く途中」

一時間後。

「いま、どこなの？」

「目的地にだいぶ近づいたよ」

「ああ、そこなら私も行ってみたかったのに。どうして連れて行ってくれないのさ」

「だから、今日は日本人のお客さんを連れているんだ」

こんな調子です。昼食を食べにレストランに立ち寄ったとき、彼は、奥さんの土産を買うことを忘れません。私に見つからないように、自分で払おうとしていたのですが、食事代といっしょに私が払いました。「今日は、奥さんを一人にして悪かったね」とひとこと添えて。

以前、軍人の友人が私に言いました。

「イスタンブールで勤務してるときは気楽だったんだよね」

「どうして？」

「この大渋滞だろ。妻から電話がかかってきても、ボスポラス橋の上で大渋滞さ、と言えば納得してくれたからね」

「いまは？」

「首都のアンカラじゃ、そんなに渋滞するところなんてありゃしないから……」

それ以上、彼が何をしていたかは聞きませんでしたが、お父さん、苦労しています。これは一種の嫉妬深さですが、逆に妻が外出すると、同じように夫が何度も電話をするわけですから、この点についてはどっちもどっち、です。

さて、仕事の面ではどうでしょう？

女性の社会進出については、多くのイスラム社会が大きな変化の途上にあり、どんどん進んできています。理由は二つ。

ひとつは、大都市で暮らしている場合、物価が高いために、結婚をしていても夫の稼ぎだけでは暮らせないことがあり、妻も働きに出るからです。

もうひとつは、もっとエリートの場合です。最初から、妻も働きます。高学歴の女性が結婚後も働くのは、トルコだけでなく、アラブ社会でも同じです。

ただ、子育てについては、やはり、女性が主役となっています。ベビーシッターを雇えるような裕福な層では、育休も短くして、とにかくバリバリ働きます。しかし、男性が育休をとって女性が働くというのには抵抗感を抱く人も多いようです。

イスラム政党が与党になっているトルコでは、大統領が「産めよ、増やせよ」的なことを言いますが、このメッセージは貧困層にはポジティブに届いてしまいます。子どもがたくさんいることは幸せじゃないか、という素朴な価値観に訴えているのです。

中流より上の層の人たちは、そんなこと言ったって教育には大きなお金がかかることを知っています。できるだけ良い教育を受けさせようとすると、トルコでもかなりお金がかかります。国立学校の中等教育は無償ですが、英語教育に重点を置く私立などに通わせるとなると、日本よりも授業料が高いことも、しばしばですから。

政府は予備校や塾を禁止して、教育費を下げようとしていますが、これは貧しい層の人たちからは歓迎されています。

日本では意外なことと受け取られますが、大学に進む際に、女性は文系が多くて男性に理工系が多いということはありません。サウジアラビアやイランのようなイスラムの国でも、理系への進学は女性のほうが多いようです。女性は文学部、男性は理工学部というように性別で進路を決める発想はイスラム社会には希薄です。

おそろしく保守的なアフガニスタンの社会のことを聞いたことがあります。女に教育は要らない的なことを言うおっさんたちの社会です。

そこで女性教育の必要を説くにあたって、こういう説得をするそうです。

「あなたがたの妻や娘が病気になったらどうする？」

「薬屋で薬を買ってくる」

「薬で治せなかったらどうする？」

「医者に連れていく」

「医者が男だったらどうする？」

「そりゃ困る」

「女性の医師がいいのか？」

「あたりまえだ、男の前で肌をみせることはできない」

「じゃあ、女性の医者はどうやって育つんだ？」

「大学を出る」

「じゃあ、女性にも教育が必要だよな」

「……そうだ」


ここまできて、ようやく女性に高等教育が必要なことを理解するようです。

しかし、こういうやり取り、実はイスラムとは何の関係もありません。単にその社会が男性中心で保守的、そして封建的だからにすぎません。日本だって、半世紀前には、女性の大学進学率は四年制で四・五パーセント、短大で七・三パーセントしかなかったんです（一九六六年）。この低さは、宗教のせいじゃありません。これはイスラム社会も同じです。
実際、イスラム圏のほうが、政治的なリーダーにおいても女性の活躍が目立ちます。バングラデシュ、パキスタン、トルコでは女性の首相が出ていますし、イランでも女性の副大統領が何人も出ています。恥じたほうがいいのは、実は、日本のほうなのです。

⑥同性愛は禁止なの？

正確に言うと、禁止されるのは同性間の性行為と結婚です。結婚はそもそも、想定されていませんでしたから、性行為の禁止の意味のほうが大きいようです。『コーラン』には『旧約聖書』の「ソドムとゴモラ」の話を引用するかたちで、男性同士の欲望、性交渉を禁じる記述が何か所かあります。ひとつだけ例を挙げます。

「まことに、あなたがたは、女を差し置いて、欲望を持って男に赴くのか。いや、あなたがたは（善悪正邪真偽を）知らない民である」。（27章55節）

しかし、「愛」という精神的なことがらについては、禁止されるという明確な規定はありません。

ただ、一般論として、「愛」と「性」を分けて考えることは難しいので、イスラム教徒のあいだには同性愛を忌避する、あるいは嫌悪する感情をもつ人が多いのは事実です。

難しいのは、中東に行くと、同性間の身体接触が濃密になることです。私も経験したことがありますが、挨拶のハグはもちろん、腕を組んだりすることもあります。最初は驚きました。しかし、それ以上の性的な意図はないようです。

二〇一六年の六月、アメリカのフロリダ州、オーランドでゲイの人たちが集まるナイトクラブで銃撃事件が起き、五〇人が死亡、五三人が負傷するという凄惨なテロが起きました。犯人はアフガニスタン出身の家族をもつ若者でした。このクラブに通っていたという情報もありましたが、同性愛に対する嫌悪が強かったとも報道されています。本人は射殺されてしまったので、その心の闇を明らかにすることはもはやできません。

事件の直後に、「イスラム国」が犯行を称賛する声明を出しました。私は、なんともやりきれない思いに襲われました。「イスラム国」とのつながりは、これを書いている時点ではわかっていません。私自身は、二〇一五年にパリで、二〇一六年に入ってからブリュッセルで起きたテロのように、実行犯を集めたり、武器を集めたりという組織的な犯行ではなかっただろうと思っています。犯行に使われた銃は殺傷力の高い自動小銃ですが、そんなものまで合法的に買うことができるのがアメリカです。「イスラム国」はインターネットで、いくらでもプロパガンダをおこないます。サイトを閉鎖しても、彼らのメッセージは世界中に流れていきます。誰もそれを止めることができないのが、いまのネット社会です。

何万人に一人でも、そのメッセージに引っかかる人がアメリカで出てくれれば、銃はいくらでも手に入るのですから、ひどいテロを起こすことは可能です。しかも、このテロではゲイ・クラブを狙ったということが深刻です。

これから、アメリカやヨーロッパなど西欧社会で暮らすイスラム教徒は、同じ質問を浴びせられるはずです。

「おまえの宗教では、同性愛をどう扱っているんだ?」

イスラム教徒は「神によって禁じられている」としか答えようがありません。そしてもし彼らがそう言ってしまうと、「おまえたちは、オーランドのテロリストと同じだ!」と決めつけられることになるでしょう。私が、なんともやりきれないのはこの事件をきっかけにして、ますます、イスラム教徒と非イスラム教徒の溝が深まることです。

「イスラム国」はとんでもないことを言っています。犯行声明では「不潔な同性愛者たちをせん滅した」という趣旨のことを言ったのですが、イスラムの国ではないアメリカで、たとえ宗教上「禁じられた」行為をする異教徒がいるとしても、彼らの命を奪うことなどイスラムの法に照らしてもありえない不当な行為です。

イスラムの法での刑罰は、イスラムによって統治される国のなかでの話であって、アメリカやヨーロッパや日本のような国で、隣人が酒を飲んでいるからといってむち打ちにしてやることなど許されてはいません。まったくばかげたことです。

ですから、西欧社会で徐々に権利を得てきたＬＧＢＴの人たちに対して、イスラム教徒が差別をしたり、暴力をふるうことに何の正当性もありません。しかも、ほとんどのイスラム教徒は、そんなこと、当然わかっています。

しかし尋ねられたら「禁じられている」としか答えることはできません。前にも書いたとおり、イスラムでは、草創期に預言者ムハンマドに下された神の命令は、後に取り消すことができないからです。禁じられた豚肉が許されることはありえませんし、飲酒が解禁になることも、不倫（姦通）が許されることも、絶対にありえません。同じように、同性愛についても昔は禁じられたけれど今は許されるということにはならないのです。

もちろん、イスラム教徒のなかにもＬＧＢＴの人はいますし、彼らがイスラム教徒に囲まれている社会ではひどい差別を受け、生きにくいことは事実です。

同じように同性愛を禁じてきたキリスト教の社会では、時代とともに世俗化がすすみ、人は教会やキリスト教の教えに従って生きる必要はなくなっていきました。しかし、イスラムの社会は、これができないのです。実は、イスラム教徒たちのなかには、西欧諸国の圧倒的な力を見せつけられた十九世紀の後半から二十世紀にかけて、イスラムの教えを時代の変化に合わせて変えようとした人たちもいました。宗教から離れる「世俗化」は二十世紀の末まで、わりあいと一般的だったのです。

しかし、一九八〇年頃から、イスラム教徒の多くは、それまでの世俗化の方向に背を向けていきます。このうねりは、たいへん大きなものでした。ひとことで言えば、西欧のまねをして西欧世界に近づこうとしたけれど、幸せにはなれなかった、という思いを世界中のイスラム教徒が共有するようになったのです。

いまはむしろ、正しいイスラムを実践しようと考えている人たちが増えている時代なのです。そうなると、この同性愛のことについても、イスラムが誕生した頃は禁じられていたけど、今はそんなことを言うのはおかしい、とは決して言えないのです。

その頭を変えろ！　宗教にしがみつくのをやめろ！　と非イスラム教徒の側が叫んでも、罵っても、彼らは変わりません。私が恐れているのは、今回のテロ事件によって、イスラム教徒はLGBTの権利を認めない人たちだという点だけがクローズアップされていくことです。イスラムの社会と西欧の社会は水と油なのか。この点に関して言えば、そのとおりなのです。

しかし、水と油であることは、お互いを傷つけあうこととは別です。イスラム教徒ではなく、そして、イスラムと西欧とのあいだにこれ以上の衝突をふせぐことを考え続けてきた私は、傷つけあうこと、殺しあうことを止めるための知恵を生みださなければならないと感じています。同時に、それがいま、途方もなく難しくなってきたとも感じています。

⑦モスクって教会みたいなもの？

モスクはキリスト教の教会のようなもの？——これはよく質問されることですが、よく誤解されることでもあります。はっきりしているのは、キリスト教の教会にはたいてい信者さんがくっついていますが、あの観念はイスラムにはまったくない、ということでしょう。あるモスクが教会の信者や、日本のお寺でいう檀家《だんか》のような人たちを抱えるということはないのです。

イスラムのモスクはたんなる礼拝場所です。金曜日には集団で礼拝をしますので、そのために集う場所をもっているのです。ただ礼拝ができればいいので、どこのモスクでも構いません。ふだんは近所のモスクに行きますし、旅先なら旅先のモスクに行く。それで何の問題もありません。

モスクはその地域に住む人たちが寄進してつくることもあります。だからといってモスクが「その人たちのもの」という観念はまったくありません。どこのだれが来ようがそこでともに礼拝をするという感覚です。

新しく建てられた壮麗なモスクもたまにありますが、いまの世の中、悪いことをしているやつにかぎって壮麗なモスクをつくりたがります。罪滅ぼしの意味があるのです。だからといって、そのモスクがだれかの所有物ということにはなりませんから、商業化するようなことはなく、特定の人だけが来る場所でもありません。ですから、テロ対策という名目でイギリスでもフランスでも「過激派の集まるモスク」とやらをずっと監視していますが、効果はないでしょう。

教会があって教皇が権力を握るというようなことがヨーロッパではありましたから、そこにモスクのイメージを重ねてしまう人が出てくるのですが、モスクはメンバーシップ制をとっているわけでもないし、教区もありません。ですから、モスクが教区というテリトリーをもっていて、その教区内の人間をモスクの人間が支配するというようなことはぜったいありえないことなのです。

ただ、どこかのモスクのイマーム（イスラム指導者）にあたる人が特異なキャラクターをもっている人で、そこに惹かれて信徒があるモスクに集まってくる、ということはあります。そういう意味での信徒団体——特定のモスクが特定の信徒をもつのではなく、モスクから独立した信徒団体の組織というのはたくさんあります。

実際問題として、世の中はそういうカリスマ的なリーダーに従って動く面が多々あるのですが、これには反対する人も多くいます。

⑧イスラムにも銀行はある？

イスラムにも銀行があります。イスラム社会のなかでは、もともと一種の頼母子講《たのもしこう》的な役割を果たしている機関だったのでしょう。たとえば小規模な、ベンチャーのようなものができて投資をしてくれと頼みに来れば、審査をした上で、その事業に出資する人を募り、事業が利益を出せば出資者が利息を受け取る、損をすればその損を引き受ける、というような仕組みになっています。

これを巨大化していくとイスラム銀行になります。西欧社会の銀行と同じように、預かったお金を何かに投資をするわけですが、そこで得た利益や損に対する考え方がイスラムと西欧ではまったく違います。ひとことで言えば「利子」が禁止されるということです。

寝ている間に金が増えたり減ったりしてはいけない——これがイスラムのお金に対する基本的な考え方のひとつです。投資した資金が増えるのも減るのも認めてはいるのです。でも、なぜそうなるかがわからないのに、増えたり減ったりはダメ、ということです。

以前見せてもらったトルコのイスラム銀行の通帳には「損も得も引き受けます」と書いてありました。起こりうることを正直に書いてあると私には思えます。

投資先が利益をあげればその利益は分配しますが、逆に損をしたときは投資したみなさんにも負担をしていただきます、という原則的な考え方は西欧の金融とそれほど違うわけではないと思いますが、イスラムの銀行が西欧の金融機関と一線を画しているところは、預けたお金のゆくえを透明にしなさいということです。

イスラムでは、何に投資をして、何に損をし、何に得をしたのかわかるなら、それで結果として利子と同じものが発生したって構わないですよ、と考えます。逆に言えば、なぜそうなったのかわからない利益や損は認められない、ということです。

日本も含めた西欧社会で流通している、いわゆるデリバティブの商品とは、そこが根本的に違います。デリバティブの商品にはいろんなものが混ざって入っていますから、どこがどうして利益が出たり損になったりするのかは、実は買う人にも販売する人にもよく説明がつかないものです。たとえて言えば、どこが毒かわからないけれどもどこかには確実に毒が入っている毒まんじゅうみたいなものです。イスラムが、これはダメ、ハラーム（禁止されること）だと言うのはもっともなことだと思います。

いまの世界経済を支配している資本主義経済の考え方に両手をあげては賛同できないイスラムとしては、紙幣ではなくて金貨を中心にということも考えているようで、「イスラム国」ですら金貨を鋳造していると聞いています。なんだかわからない紙切れに何かの価値がついたり減ったりするのはおかしいという考え方ですが、たしかに金貨なら世界共通のものですから、どこで使っても安定した交換価値をもつものとして扱われる、ということはあるでしょう。

銀行や証券会社のような金融機関は何かにつけて「儲かる」と言っては私たちを勧誘してお

いて、いざ損が出たとなると、大口の顧客には補塡《ほてん》するけど小口の客には補塡しないということを平気でやってきました。イスラムでは嘘は大罪とされますが、そういうことはイスラムの人たちに指摘されるまでもなく、不公正なことにちがいありません。

「勝ち組だけが残って負けたら退場しろ」というようなことを、新自由主義経済を支持する人はよく言いますが、繰り返し触れているように、これはイスラム的には受け入れがたい考え方です。負けたらそのときにはみんなでお金を回して助ける、そのお金は勝ったほうが負担するべき、だから負けても勝っても神の御意志であって自分の才覚とも責任とも思うな——というイスラムの教えはこれから先、日本や西欧社会にこそむしろ必要となる重要な「イスラムの知恵」ではないでしょうか。

でも、現実には、中東の産油国など大金持ちの国でも、このあたりはいい加減なようです。石油による富をもっていますから、当然、運用するのですが、イスラム的には不適切なはずの欧米の金融機関にも莫大な投資をしています。こういうことをしていると、よりピュアなイスラムに立ち戻ろうとする勢力から攻撃されることになります。

⑨学校はどうなってるの？

イスラムの社会には、もともと学校をつくってお金をとるという発想がありません。学校は私財を投じてつくるもの、というのがイスラムの常識です。学校をつくることはよい来世につながる善行のひとつなのですから、そこに勉強しにきた子からお金をとるという発想がないわけです。

ただし、イスラムというのは千四百年前につくられたものですから、その時点では、当然ながら近代的な学校教育は想定されていません。学校といえば、『コーラン』や『ハディース』を学ぶためもの、つまりイスラムを学ぶ場です。それがイスラムにおける伝統的な学校です。そこは理解しておいていただきたいところです。今も、イスラム圏の多くの国でそうですが、学校というものは、近代的な国民教育に一本化されてはいません。『コーラン』の学校だったり、イスラムを中心に、ほかの分野も学ぶ学校だったりと、さまざまなスタイルの学校が並存しています。

いまイスラム圏の人たちが総じて熱心に関心をもっているのは、理工系、サイエンスに対してです。たとえば、マレーシアにある国際イスラム大学は「国際イスラム」とうたっていますが、イスラム学だけを勉強するわけではなく、むしろ理工系が中心です。科学や工学を勉強することは、イスラム教徒にとって何の差し障りもありません。

近代的な学校教育の費用をだれがどう負担しているかというと、現在はその国のシステムによります。トルコの場合、大学まで無料というのが本来のあり方なのですが、民営化が進むにつれて授業料をとるようになっています。そのうえで、成績がよければお金がかかりません、成績が悪いと有料です、というように、奨学制度のようなものを設けている場合もあります。

そういうふうに実際の対応は国によっていろいろだとしても、イスラム的な原則でいうなら、教育でお金を儲けるという発想は本来ないだろうと思います。

⑩お葬式はある？

イスラムのお葬式は、日本人には驚くぐらい簡単と言えば簡単なものです。亡くなると、次の日の昼までに埋葬して、イスラムの指導者であるイマームが来て、ブツブツと『コーラン』をつぶやいて終わり。火葬する日本とは違って、イスラムでは埋葬は土葬です。

土葬はイスラム教徒にとってとても大事なやり方なのです。私はイスラム教徒と長いことつきあってきて、その間、おまえもイスラム教徒になれ、と言われたようなことはありませんが——改宗を強制することはできませんから——でも、唯一、誘いのようなことを言われたのは、日本では亡くなった人を火葬にするとトルコの友人に話したときです。「おまえ、悪いこと言わないからトルコで死ね」と言われました。

どういう意味かというと、火葬してしまうと、イスラムでいう最後の審判のときに、着ていく服（肉体）がなくなってしまうからです。イスラムでは、最後の審判のときに神が死んだ人全員を呼び出して、おまえは天国、おまえは地獄、というように振り分けていくことになっているのですが、そこに着ていく「服」がないと、審判をしてもらえないじゃないか、ということなのです。これはイスラム教徒にとってはたいへんなことなので、私にも親切に忠告してくれた、というわけです。

そう言われてあらためて考えてみると、私も、なにも焼かなくていいじゃないかと思うようになりました。

⑪美容の感覚って？

イスラム教徒の女性たちは美容院もよく利用します。

イスラム圏すべてに共通することかどうかはわからないので、これはトルコに限っての話になりますが、女性の行く美容院はギュゼルリッキ・サロヌ、英語で言えばビューティサロンということになります。日本語とも同じ意味ですが、サービスの内容が少々違います。トルコの美容院では髪関係だけではなく、体毛処理もしてくれるのです。体毛処理のことはよく知られていないことのひとつだと思いますが、イスラム教徒は下半身の体毛を除去します。これは男女ともにしなくてはいけないことです。脇の下も処理が必要ですが、男性の場合、胸毛はそのままです。

私も不思議に思ったことがありますが、預言者ムハンマドにさかのぼる慣行なのでしょう。決められていることですから、定期的に処理をしなくてはいけないのです。女性にとっては、その処理をやってくれるところが、美容院ということです。

スーパーマーケットでは、脱毛クリームや、脱毛用テープのようなものなど、脱毛グッズをたくさん売っていますから、自分で処理することもできます。下半身の脱毛、除毛についてはもっといろんなやり方があるようですが。男性は、どうやら自分で処理するようです。

イスラム教徒が『プレイボーイ』のような雑誌のヌード写真を見ると、うわっとなって気持ち悪くなると聞いたことがあります。処理しなくてはいけないヘアーの部分は残っているわけですから、ぜんぜん興奮しない。なんてこった……と思ってしまうらしいのです。

風呂好き。これは日本人と同じです。でも、裸（正確には性器）を他人に見せることを極度に嫌がります。せっかく日本に来たのだから、とたとえ好意からであっても、温泉に誘うのだけはやめておいたほうがいいでしょう。悪いことは言いません。赤の他人と裸で風呂に入るということは、同性どうしでもありえないことですから、これにはひどく抵抗があります。どうしても温泉宿に、という場合は、値段が高くつくのが難点だとは思いますが、部屋に風呂のついているところが無難でしょう。ただし、この話は男性についてです。女性のことは、私にはわかりません。

しかし、風呂好きなのはたしかに風呂好きなのです。これは清潔好き、ということとも関係しているのでしょう。礼拝の前は体を清めなくてはいけない、ということになっています。性行為の後にも必ず体を洗って清めなくてはいけません。水で洗います。

一日に何度も体を清めることになるわけですから、イスラム圏に行くと便器の後ろに細い管がついていて、蛇口をひねると水が出る簡易ウォシュレットみたいなものもあります。あるいは桶があって、「手で洗え」という場合もあります。日本人は手で洗えといわれると抵抗があるのですが、イスラム圏は、まず水で洗います。洗浄式のトイレ、あれは日本の偉大な発明だと思うのですが、どうしてイスラム圏に販路を拡大しないのか不思議でなりません。絶対売れるのに。

トイレで日本人がやってしまいがちな間違いは、トイレにあるトイレットペーパーを「流してしまう」こと。排水管には、トイレットペーパーが流れるほどの傾斜がついていないことが多いのです。一般的にはトイレの個室内にはゴミ箱があります。中を見ると、トイレットペーパーが捨ててあるので事情を知らないと最初はぎょっとするのですが、「不浄」なものは先に水で洗ってしまっていますから、トイレットペーパーの役目は水を拭き取るだけです。一般家庭に招かれたとき、トイレットペーパーは流さないように――これはもちろん一般のお宅での注意事項ですから、ホテルでは日本にいるときと同じで流しても大丈夫です。


ハンマームといって、銭湯もあります。これは割合と料金の高いものですから毎日は行きませんが、明日は休日で結婚式があるからいい男になってこよう、と思い立ったときなどには気軽に利用できる公衆浴場です。

男性用と女性用と日にちを変えてやっていますから、男女とも利用できます。私にとって初めてのハンマーム経験は、最初に留学したダマスカスでした。旧市街のキリスト教地区、バーブ・トゥーマ（聖トマスの門）という街にあった銭湯です。

中に入るといきなり待合室みたいなところがあるのですが、そこには噴水があって、噴水のまわりに、タオルでぐるぐる巻きにされたミイラみたいになった人たちが寝そべっています。この人たちは、風呂上がりにここにきて、タオルを巻いた格好のままお茶を飲んだりしてくつろぐわけです。もちろん、男性の入浴日には男性しかいません。

銭湯には、ふつう浴槽はありません。大理石の広びろとした洗い場があって、水と湯がでる蛇口があり、各自そこで身体を洗います。真ん中に、これも大理石でできた台があって、その上に寝そべって、垢《あか》すりをしてもらうこともできます。別料金ですが。

イスラム的には、人前ではぜったいに裸になってはいけないということになっているので、着替えるときには身体に布を巻きつけます。タオルではなく、シーツのような薄い布です。

洗っているときでも、この布を取ってはいけません。なんとか工夫して洗ってください。全裸になると、まわりの人たちが驚愕して飛びのきます。蒸し風呂もついていますから、汗をかいて、また水をかけてさっぱりするのもいいでしょう。

身体を清めたら、出口のところで、従業員が、濡れた布を乾いた布に替えてくれて、頭まで別の布でぐるぐる巻きにしてくれます。噴水のまわりを寝台が囲むところにどうぞと案内されるので、そこから先はお茶やコーヒーを飲むとかしながら、あるいは水たばこをボコボコとやりながら、そこでゆったりと過ごすのです。

⑫ヴェールはなぜするの？

イスラム教徒の女性がするスカーフやヴェール。隠しているのは髪の毛やうなじですが、なんのために隠しているのかというと、夫や家族以外の異性の視線をさえぎるためです。隠している部分を夫以外の男には見せないために隠しているのです。ですから、隠している髪や顔はちゃんと手入れをしておしゃれにしています。

そこがカトリックの修道女の方と違うところ、勘違いしてはいけないところです。カトリックの修道女の方も同じような格好をしていますが、彼女たちは神に身も心もささげているので、現世の男には体を見せないという意味であういう地味な格好をします。イスラム教徒の場合は、神様に見せないということではなく、夫以外の男に見せないといっているだけなのです。

逆に言えば、ふだん隠しているところは、夫にだけは見せるところなので、中身はむしろ派手にしている女性も少なくないようです。そもそも服も派手ですが、驚くのは下着です。もちろん、着用しているところを見たことはありませんが、街の下着屋さんを見ればわかります。

最近は女性も自分でけっこう買いに来ますが、妻用の下着を夫が買いに来ることは珍しいことではありません。

大勢で入る温泉には抵抗がない日本人の男性も、女性用の下着屋さんにひとりで入るのはいささか抵抗があるのではないかと思います。でも、温泉なんてとてもムリと言うイスラムの男性は自分の妻のためにバザールの下着屋さんに行くことには抵抗があまりないようです。もちろん、最近のショッピングモールなんかにある下着屋には女性が買いに来ていますから、そこに行くのは抵抗があるようですが。

ところで、身に着けるものについて、女性のお召し物については素材の規定がありませんが、男性については、シルクと金はだめだと言われています。したがって、女性のスカーフはシルクでもかまいませんし、柄の有無も問題とされません。一方、男性がスーツなどを着ている場合、シルクのネクタイは避けることがあります。どこまで守っているかは知りませんが、敬虔な人になるとそこを気にしますので、信仰の実践に熱心な方へのプレゼントにはシルク素材のネクタイは避けたほうがよいでしょう。

イスラム教徒のお客様に何かお土産をと考えるときに、覚えておくとよいことがあります。夫妻でみえたとき、夫人にもお土産を渡すなら、もてなす側の女性が選んで渡す、または「自分の妻からあなたの奥様へ」と断って渡すことです。男性が「これは奥様に」と言って渡すと、「妻に気があるのか」と邪推されることもあります。よほど親しくて、そういう可能性が絶対にないと相手も理解しているケースは別ですが。困ったら、家庭で飾ってもらえるもののように、夫妻のどちらかを対象にしないものを選ぶのが無難です。

細かいことですが、ゲストが男性のとき、もしホテルや空港に出迎えるのなら、男性が行くほうがよいですし、ゲストが女性のときは、女性に迎えに行ってもらってください。失礼にあたるかどうかというより、相手に無用な緊張を強いないための心づかいです。

第7章

イスラムの「病」を癒すために

「イスラム国」はイスラム世界から生まれた〝病〟

法の体系からしても、西欧的な規範とイスラム的な規範とは根源的なところで違いがありますから、その違いから現実に生じてくるさまざまな問題というのは、当然あるわけです。その矛盾がもっとも深刻なかたちであらわれてきたもの、それがここ一年の間に世界中を巻き込んできた「イスラム国」の問題です。

「イスラム国」とは何か、なぜこのような集団が出てきたのか？　そのことを突き詰めて考えていくと、どうやら、イスラム教徒がこれまで経験したことのないような「病」ととらえるのが適切ではないかと思います。

そうなると、当然、どうしてそういう病が発生したのか？　どうしたら治せるのか？　ということになります。

私は、「病」と言ったので、「治す」という方向に話を進めようと思うのですが、欧米諸国は、「イスラム国」を凶悪なテロ集団だから徹底的に戦う。そして軍事力で壊滅すると言います。

はたして、軍事力で「イスラム国」を消滅させることができるのか。結論から言えば、かなり困難でしょう。実際、二〇一五年頃から、この組織が台頭してきたあと、アメリカやロシアはシリアとイラクにある「イスラム国」の拠点をさかんに空爆していますし、二〇一六年になるとイラクやシリアの現地の軍隊や武装組織を使って「イスラム国」と戦わせていますが、勢いは衰えたもののなかなかつぶれません。

それどころか、「イスラム国」に共鳴したテロリストたちが、フランスのパリでテロを起こしたり、エジプトのシナイ半島ではロシアの飛行機を爆破したり、トルコのイスタンブールでは観光客を、アンカラでは一般市民を標的にした自爆テロを起こしつづけています。

つまり、テロの被害は拡大するばかりで、しかも、地域的にどんどん広がっています。これではまるで、がんが次々に転移して世界じゅうをむしばんでいるようです。

「イスラム国」が病だというとらえ方をすると、軍事力で壊滅を図るのは、外科手術のようなものです。名医は、いくらでも病巣を取り除けるかもしれませんが、母体の人間の命があやうくなります。現実の世界で言うならば、世界が非常に不安定になるということです。

テロ組織、テロリストであることは確かなのですが、彼らの主張はある種の「普遍性」をもっていることに注意を向けなければいけません。

「場」を問わない「イスラム国」

ここで、ごく簡単にイスラムに関連する暴力的な集団を考えてみます。9・11の同時多発テロ事件を起こしたアル・カイダがあります。彼らをかくまったとしてアメリカに攻撃されたのがタリバンでした。

まず、タリバンですが、これはアフガニスタンやパキスタンという「場」との結びつきが強い集団です。空間的に限定されるなら、軍事力による攻撃は有効な手段ですが、しかし、アメリカが彼らを攻撃してもう十五年ですが、それでも一向に消える気配はありません。

つぎにアル・カイダ。これは悪名高いオサマ・ビン・ラディンが率いていましたが、彼は出身のサウジアラビアを追い出されてしまったので、あちこちをさまよいます。その意味では、資金をもったボスとともに空間的に移動するタイプのテロ組織とも言えます。あちこちにアル・カイダを名乗る組織はありますが、金づるのリーダーが殺害されましたので、以前のような大規模なテロをおこなう力は失われているようです。

一方、「イスラム国」は、イラクで生まれてシリアにのびていきました。発生した「場」がこの地域であることは確かなのですが、彼らの主張は、しだいに「場」との結びつきを離れていきます。そして、カリフを戴《いただ》くイスラムの法治国家を宣言しました。カリフは、イスラム的に何が正しいのか、誤っているのかをはじめとして、全イスラム教徒（実質的に従うのはスンナ派ですが）に判断を示し、号令をかけることができます。

彼らのカリフ、アブ・バクル・バグダーディーは、一度、カリフを宣言した後、逃げ回っているのか、負傷したのか、あるいは死んでいるのか知りませんが、ろくに信徒に語りかけていません。したがって、自称カリフの域を出ないと思います。

カリフと臣従《しんじゅう》の誓いをして、その命令に従うなら、どこにいても、「イスラム国」の一員だということになります。バグダーディー本人はともかく、「イスラム国」はプロパガンダ用のいくつものメディアを使って、世界じゅうのイスラム教徒に、ジハードの戦いを呼びかけています。

そのため、インドネシアにいようと、タイにいようと、エジプトにいようと、トルコにいようと、ニューヨークにいようと、ロンドンにいようと、パリにいようと、その主張にうなずくならば、「イスラム国」のメンバーになってしまいます。

カリフの下にいるというメッセージだけでなく、たとえば、いまの国家群が民族を軸にして「国民」をつくりだし、国境によって仕切られた空間のなかに人を封じ込めてしまうのはおかしいんじゃないかというメッセージも、多くのイスラム教徒には納得のいくものなのです。

言いかえると普遍性が高く、特定の地域、つまり「場」との結びつきが弱いと言えます。反面、彼らの問題というのは、めざすところがイスラムが生まれた当時、つまり『コーラン』と預言者ムハンマドの言行（スンナ）に偏りすぎているので、それから千四百年の間に現実の世界を生きてきたイスラム教徒の「共生の知恵」や「思想の多様化」を極端に無視してしまうことです。だから、少しでも自分たちが求めるピュアなイスラムと違うと相手を攻撃し、殺してしまう。こういうイスラムの過激組織というのは、これまで台頭したことがありません。その意味で、深刻な病なのです。

イスラムの国だから危険なのではない

ただ、カリフを戴いて、イスラムの法治国家だと宣言することで、テロ組織ができあがるわけではありません。ここは、誤解しないでください。現代世界の問題は、イスラムの法治国家がない、と言ってもよいほどに、イスラム教徒の国の統治がイスラムに従っていないということなのです。つまり、イスラム教徒が多数を占めるすべての国が「病んでいる」ということになります。

そこに誕生した「イスラム国」は、イスラムが生まれた頃の教え、つまり聖典『コーラン』と、創始者のムハンマドが何を語り、何をしたかというスンナ、この二つだけをよりどころにしようとする運動です。

簡単に言えば、純化運動なのですが、彼らの思いどおりに信仰の実践をしない人を片っ端から、不信心者、背教者、偶像崇拝者などと断罪して、処刑してしまうので、あまりに危険です。彼らにとって第一の敵は、イスラム教徒自身なのです。シーア派のイスラム教徒は生かしておけない。スーフィーといって、イスラムの法だけでなく、深遠な思索や「行」で神に近づこうとする人たちも多いのですが、彼らも処刑の対象です。

まして、中東の地域にいて、イスラム教徒ではなく、ユダヤ教徒やキリスト教徒でもない異教徒、その典型がヤズィーディという人たちでしたが、彼らなど真っ先に攻撃の対象となりました。イラク北部に住むヤズィーディの人たちは、「イスラム国」によって男性は虐殺され、女性や子どもが奴隷にされたことで、大変な問題となりました。

ユダヤ教徒とキリスト教徒は、同じ唯一絶対者としての神から啓示を与えられたということで、イスラムでは「啓典の民」といいます。彼らがイスラムの法によって統治される土地で暮らす場合、ズィンミーといってイスラムの統治を受け入れて納税するならイスラムの国が彼らを守らねばなりません。しかし、それを拒否すると、イスラムに改宗するか、出ていくか、あるいは戦うことになります。

これは想像でしかないのですが、「イスラム国」がイスラムの法治国家ならば、まず、異教徒であるヤズィーディにも「出ていけ」と言ったはずです。あるいはイスラムに改宗するかどうかを聞いていたはずです。もし、それをしなかったのなら、「イスラム国」はイスラムを名乗る資格はありません。ただ、この二つの選択肢を拒否すると、戦いしか残らなくなり、「イスラム国」は容赦なく男性を殺戮《さつりく》し、女性を戦利品として奴隷にすることが、イスラム法上は可能になります。

女性や子どもを戦利品だの奴隷だのにしていいとはまったく思いません。私たちから見れば、おぞましい犯罪であることは言うまでもありません。この感覚は、なにも非イスラム教徒だけでなく、ほとんどのイスラム教徒も共有しています。

でも、ここで私たちがひとつ、勘違いしてはいけないことがあります。ほとんどのイスラム教徒が、テロや奴隷なんてとんでもないと考えるのは、私たちや西欧が当然と考える価値観にイスラム教徒も従うようになったからではないということです。奴隷にしても、斬首刑にしても、テロにしても、そんなことありえないと考えるのは、同じ時代を生きるイスラム教徒にとっても当然ですが、それは西欧の考え方に啓蒙されたからではありません。

他人を傷つけてもよいと「イスラム国」の人たちが考える理由を、大多数のイスラム教徒は正当と考えないからです。たとえ理屈の上で、ヤズィーディの女性を奴隷にできるからといって、奴隷にしなければいけないという理屈はイスラムにはない。そこから先、実際の判断が分かれたのです。

共生の歴史を省みない

ではなぜ、「イスラム国」はそんなことをするのでしょう。「イスラム国」は、イスラムが生まれた頃、つまり千四百年ほど前の、草創期にこそイスラムの真髄があると信じています。いわば先人（サラフ）の時代に戻ろうとしますのでサラフィと呼びます。

イスラム教徒ではない私からみると、ここに最大の問題があるように思えます。始祖の時代に立ち返ることが問題だと言いたいのではありません。現実のイスラム社会というのは、千四百年にわたって異教徒と共存してきました。それに、イスラムの真髄から多少逸脱した人たちがいても、皆殺しにしてきたわけでもありません。

もし、そんなことをしていたら、ヤズィーディの信者はとっくに絶滅していたでしょうし、スーフィーもシーア派も絶滅していたはずです。しかし現実には、彼らは生き残ったのです。ということは、過去のイスラム国家、たとえば最後まで残ったオスマン帝国をみればいいのですが、彼らは、少しでも道をはずれたら皆殺しにする、というような乱暴なことをしませんでした。

もう、おわかりでしょう。「イスラム国」の最大の問題とは、イスラム千四百年の「共存の歴史」に学ぶつもりがさらさらないということです。寛容であり、共存のために積み重ねてきたイスラムの伝統や知恵を、完全に無視してしまうことなのです。

千四百年もつづけば、元祖、本家本元のような考え方だけでなく、さまざまな枝葉に分かれていくのは当然です。そういう枝分かれがなければ、実際のところ、イスラムはこれだけ世界に広まりませんでした。枝分かれを、イスラムがもつ豊かさとみなすのか、それとも不純物とみなすのか。

「イスラム国」は、この枝分かれを不純物とみなし、攻撃する組織として生まれてしまいました。彼らが依拠するのは、『コーラン』と預言者の言ったことや行い（スンナ）のみ。つまり、イスラムの草創期のみ。

だからこそ、彼らはイスラムの歴史も、歴史のなかで積み上げられてきた知恵の集積も無視してしまうのです。だから、実にインスタントに「イスラム国」のメンバーになれてしまうのです。

実際、ヨーロッパなどから戦闘員として加わる若者たちが、はたして『コーラン』やスンナでさえきちんと学んだのかどうか、私は疑わしいと思っています。インスタント・サラフィたちが増えれば増えるほど、ひどく単純な思考で「敵」をつくり、「敵」を殺戮しようとしてしまいます。

ここまで考えてくると、みなさんもお気づきでしょう。私は先に、イスラム教徒らしさというのは人と人との間に線を引かないことじゃないか、と書きました。しかし「イスラム国」の人たちは、ひどくうるさく、人と人との間に線を引こうとしているように思えます。これは、彼らがイスラムがもつ「法」の側面をあまりに重視しているからでしょう。いまのイスラムはだめだ、イスラム教徒の国も、ちっともイスラムしていないじゃないか。俺たちは、草創期の混じりっけなしのピュアなイスラムに戻るんだから、ちょっとでも混じりものを入れる奴は容赦しない！　それが「イスラム国」というものなのでしょう。

病はどうして発生したか

では、この深刻な病は、どうして出てきたのでしょうか。

直接的には、イラク戦争のあと、利権からはずされたスンナ派のなかに生まれてきました。旧フセイン政権で行政や軍にいた人間が参加したため、強固な組織をもっています。

イラク戦争のあと利権を手にしたのは、人口がもっとも多いシーア派と、アメリカ軍を支援したクルド民族でした。フセイン政権は、ほとんど宗教色がなかったのですが、支持基盤はスンナ派のアラブ人でした。彼らが、本心から改めてイスラムに帰依したかどうか、私は知りませんが、「イスラム国」を支えるようになったことは確かです。

アメリカという国はつくづく中東でろくなことをしません。サッダーム・フセインという危険な独裁者を倒すのは良いとしても、そのあと、イラクという国が空中分解することがわかりきっていたのに、この国を破壊してしまったことが「イスラム国」の脅威をつくりだしたと言っても過言ではないでしょう（終章で詳述）。

「イスラム国」の勢力がシリアにのびたのは、シリアで内戦が起きて政権の統治能力が落ちたからです。シリアのアサド政権というのは、スンナ派ではなく、アラウィーという少数宗派の人たちが権力の中枢にいました。そのため、多数派のスンナ派の人たちを警戒して、過去にも激しく弾圧したことがあります。

内戦におちいって、スンナ派の人たちがアサド政権と死闘を繰り広げるようになると、「イスラム国」はイラクからシリアに入っていきました。

しかし、それだけでは、イラクやシリアという特定の「場」に結びついた集団にしかなりません。そこに、カリフをもちだして、イスラムの法治国家を宣言したために、「イスラム国」は一挙にスンナ派のイスラム教徒全体に影響を及ぼすグローバルな組織になってしまったのです。

イスラムにもとづく法治国家の不在

では、イラクやシリアに住んでいないスンナ派の人たちは、どうして、「イスラム国」に惹かれたのでしょうか。

もうひとつの大きな問題はここにあります。その原因は、ひとことで言えば、世界じゅうで、敬虔に生きていたふつうのイスラム教徒たちの居場所が、ひどいかたちで奪われたからです（第1章）。しかも、最初にイスラム教徒たちの居場所を奪ったのは、イスラム教徒が多数暮らしている国家でした。先述したように、世界のどこにも、イスラムにもとづく法治国家がないことも、敬虔なイスラム教徒にとって、居心地の悪いことだったのです。しかし、実態はもっと深刻でした。

エジプトを例に見てみましょう。エジプトにはムスリム同胞団というイスラム組織がありもす。正確には「ありました」というべきかもしれません。

この組織は、イスラムこそすべての解答だという考え方をとっていて、イスラムの教えに従うことで、個人を幸せにし、社会の秩序を保ち、国家もまたイスラム的公正を実現できると考えています。

三十年にわたる長いムバラク政権の時代には、政治活動が禁止されていました。その間ムスリム同胞団は、他の政党の中に入って政治活動をすることはありましたが、主に弱者救済、貧しい人のために病院を開いたり、親を亡くした子どもたちのために学校を開いたりしていました。

ところが、二〇一一年からアラブ諸国で民主化の運動が起こり、エジプトでもついにムバラク政権が倒れました。そのときは、エジプトにも自由と民主化の時代が来たように見えました。それまでは禁止されていた政治的な活動に、ムスリム同胞団も参加します。今度は政治をイスラムで正そうとして、自由公正党という政党をつくりました。にわかづくりのためいろいろ問題はあったのですが、モルシという大統領を選出するところまではこぎつけたのです。

ところが一年もたたずに軍がクーデタを起こし、その流れを力でつぶしてしまいました。軍部だけでなく、富裕層、欧米志向の人たち、それに貧困層も、クーデタを支持しました。貧しい人たちは、モルシが大統領になり世の中が良くなると思ったのに、ちっとも豊かにならない、と不満をもっていました。でも、一年もたたずに、人口の多数を占める貧困層がいっせいに豊かになることなどありえません。富裕層が彼らを買収するというようなこともおこなわれました。

軍は既得権益を奪われることを恐れていました。モルシ大統領とムスリム同胞団が、トルコの民主化を手本にすると考えたのです。序章で触れましたが、トルコは二〇〇二年から公正・発展党というイスラム政党が政権の座につき、それまでイスラムなんて絶対に政治の舞台に出しちゃダメだと言ってきた軍部をおさえ込みました。しかしエジプト軍は、民主化と並行して自分たちの力が弱められることを許さなかったのです。

そしてイスラムを掲げるモルシ大統領が、パレスチナ、とくにガザの人たちに同情的だったことを軍は嫌いました。ガザの自由を奪ってきたのはイスラエル。イスラエルはエジプトにイスラム色の強い政権などできてほしくありません。アメリカはエジプト軍に莫大な軍事援助をしてきましたが、それはイスラエルの意向をふまえてのことです。その金を失いたくないエジプト軍は、できたばかりのモルシ政権をつぶしたのです。

しかも軍部は、そのとき、多くの市民を殺害しています。そして、ムスリム同胞団は政権にとって危険だからという理由でテロ組織にされてしまいました。

三十数年にわたって救貧活動、弱者救済活動をしてきた組織が、いきなりテロ組織だというのは、あまりに理不尽でした。貧しい子どもたちの教育に携わってきた先生、貧しい人たちを診てきた医師、ソーシャルワーカー、彼らの多くは居場所を奪われたり、投獄されたりしてしまったのです。

これはひとつの例にすぎません。中東の多くの国で、イスラムによって政治や社会を良くしようと思って行動を起こした人が、どれだけ殺されてきたか。多くは裁判を受ける機会もなく、消されていったのです。過去何十年にもわたってそういうことを繰り返してきたのです。イスラム教徒自身が暮らす国の病の典型と言ってもよいでしょう。

「イスラム国」の「病理」を欧米の有志連合軍が空爆で治せるのか？

そういう国家のあり方を、敬虔なイスラムの人たちがどう見たのか。イスラムというのは個人に対してだけではなく、社会がどうあらねばならないかという規範性をもった宗教です。そのイスラムの規範が失われたと感じた、ふつうのイスラム教徒は、イスラム的な公正を実現しなくてはいけないと考えます。

ふつうに選挙をすることができて、民意を反映させる政治ができれば、何の問題もなかったのです。しかし、軍がクーデタを起こしてしまう。しかも、民衆のなかにも、軍を支持する人たちがいますから、敬虔なイスラム教徒たちは、ますます居場所を失ってしまいます。

それに不満をいだいた人たちのなかから、率としてはまだ低いものの、「イスラム国」に共鳴し、「イスラム国」に行けばイスラムの法治国家で生きられると思い込む人ができてきます。現にエジプトのシナイ半島では「イスラム国」の人たちが活動しています。これは、洗脳の結果でもなく、「過激思想」にかぶれたわけでもないのです。

まして、貧困からテロが起きる、という考え方も当たっていません。イスラムは商人の宗教。儲かることも失敗して貧しくなることも前提としています。ただし、その格差がどんどん広がっていって、一部の人間たちに富が集中している状態を放置しているなら、それはイスラム的には正しくないと考えます。

当然、ムスリム同胞団のように長く弱者救済の活動をしていた集団も、政治的自由を得られれば、誤りを正そうとします。もっと公平な社会にしようという要求です。そういうイスラム教徒たちをいきなり力で弾圧する。それがいままでの中東諸国の政治です。

どこもみんなそうだったのです。そんなことを延々としてきたわけですから、最初は何の暴力性もなく、イスラム教徒として生きてきたふつうの人からも、やがては暴力的な手段に訴える人がでてきます。

では、そうして発生した「イスラム国」の「病」を欧米の有志連合軍が治せるのか? 治せるわけがありません。これはイスラム教徒の病ですから、イスラム教徒にしか治せないのです。ところがイスラム教徒の国でさえ、自ら西欧の有志連合軍に参加して、空爆でたたくわけです。これでは治るものも治りません。しかも、空爆をすれば必ず一般市民を犠牲にします。誤爆で命を失った多くの人たちの遺族は、「テロとの戦い」だから仕方ないなどとは決して思いません。「イスラム国」もろくでなしだけど米軍もろくでなしだと思うだけです。

その病理は、先に触れたように、ふつうのイスラム教徒たちの居場所を奪ってきた中東イスラム諸国のあり方に根ざしています。外国軍の空爆という見当違いの治療法に頼り、自分たちの国のあり方そのものを見直さないと、もっと悪くなってしまいます。それだけは、いまの時点でもはっきりと言えることです。

カリフとは？

「イスラム国」のカリフでは役に立たないと言いましたが、カリフそのものはやはり今の時代に必要な存在だと思います。

カリフとは、もともとは神の使徒であったムハンマドに代わって、イスラム教徒の集団を率いていくリーダーのことです。初代のカリフは、アブー・バクル、次いでウマル、ウスマーン、アリーとつづく四人が正統カリフとされます。現世での神の使徒の代理行為ができる人ですから、同時代に何人もいる、というわけにはいきません。カリフは「ひとりだけ」です。

ところが、オスマン帝国のカリフ、アブデュルメジド二世を最後に、カリフと呼ばれる人間がいなくなってしまったというのがいまのイスラム世界です。

なぜ、いなくなったか。オスマン帝国が第一次大戦で敗北した後に、「イスラム国家」ではなく、まったく違う西欧近代的な国民国家としてのトルコ共和国が成立しました。建国の父、ムスタファ・ケマル（後に贈り名として「父なるトルコ人」を意味するアタテュルクと呼ばれた）は、最初、皇帝を意味するスルタンは廃止にしても、やはりイスラム教徒の国民のためには、そしてイスラム勢力を手なずけるためにも、カリフだけは残したほうがよいということになって、このアブデュルメジド二世をカリフにしたのです。しかし、トルコ共和国ができると、イスラム指導者たちが、オスマン帝国のような宗教国家を再現しようと言い出して反乱を起こします。徹頭徹尾リアリストの軍人だったムスタファ・ケマルは、これでは国の近代化はできないとみて、一九二四年、ついにカリフを廃位させてしまいます。

ほかのイスラム圏の国々は、ほとんどこの時点で西洋諸国の植民地や委任統治下におかれていましたから、カリフどころではありませんでした。

こうして、世界からカリフは消えてしまったのです。

カリフがいないとなぜ困るのか？

それにしても、なぜカリフがいないと困るのか？——われわれ非イスラム教徒にはここがもうひとつぴんとこないところでもあります。

イスラム世界というのは、もともとイスラム教徒によるひとつの世界です。つまりイスラム世界は本来的に国家という枠組みを超えるもの。とはいえ、近代においては、現実には世界は国家をひとつの単位として分割されていますから、イスラム教徒たちもそれぞれの国に属しながらイスラム的な生き方を追求せざるをえませんでした。

そのように、国という単位に分割されたイスラム教徒をひとつにつなぐ存在が、現世でのイスラム世界のリーダー、カリフだと考えることができます。ところが、そのリーダーがいない。残ったのは国家であり、国家のリーダーだけ。しかし、国家のリーダーはイスラムについて何かの判断をできる立場にはありませんから、イスラム教徒はいま、本来あるはずの信徒のつながりを国家によって分断されていると言えます。


正統カリフがいなくても、それぞれの国のイスラムの機関、たとえば大きなモスクの指導者や宗教省の大臣がその役を果たせるのではないか。そんなふうにわれわれは考えがちですが、それはできません。というのは、こうしたイスラムの機関は「国」に属しています。その機関の長を大統領や国王が任命するわけですから、政府のいうことに逆らうわけにはいかない。その政府はことごとくイスラムに反した政治をつづけている。そうすると必然的に、御用指導者にならざるをえなくなり、イスラムの価値観を純粋に追求することができません。

たとえば、エジプトにはアズハルというイスラムの最高の大学があります。そのアズハルの学長が、純粋にイスラム的見解だけを示すことができるか、といえば、難しいでしょう。とくに、政治や社会についてイスラム上の見解を示すのは。なぜなら学長はクーデターを起こした元軍人大統領の任命ですから。

こういう不自由さをさまざまな場面で実感させられてきたのが、いまのイスラム教徒です。国民国家というものにイスラム世界が分断されている。こうした不自由さを乗り越えるためにはどうすればいいか。やはり、カリフをもつほうがいいのでは？　そういう声が高まってきてしまうのも、うなずけます。

いま、中東・イスラム世界の秩序がどんどん崩れています。シリアは内戦、イラクは国が分裂、エジプトはクーデタ政権で不安定、イエメンは内戦、サウジアラビアとイランは対立を深める……安定している国などありません。各国の統治も、ほとんどが独裁か権威主義ですから、民意、それもイスラム教徒としての民意には、なかなか耳を貸そうとしません。そんなときだからこそ、「○○国の国民」としてではなく、「イスラム教徒」として、何が正しくて、何が間違っているのかを示せる超国家的なリーダーは必要なのです。それがカリフです。

百年も前に消滅したものを、何をいまさら、ばかげたことを、などと思ってはいけません。いまの国家というのは、領域をもち、国民を定めた国家です。しかし、イスラムというのは、国家を超越した宗教であり、文明であるのです。当然、国家の枠に押し込めきれない要素が多いのです。そこのところを正しく導く人が必要だということです。

西欧が進んでいる、という偏見が生みだしていること

西欧的な進歩主義は唯一無二の正しい道だという思い込みをもたないことです。イスラム世界は、イスラムの価値観の上に立って歴史を積み重ねてきたのです。西欧の進歩主義をものさしにして、彼らイスラム教徒の人たちの価値観を「遅れた状態」と見なすことだけは、間違ってもやってはいけない。そもそも、イスラム教徒の人たちの価値観が「遅れている」と言えるのでしょうか。

その西欧こそ、今の中東・イスラム世界をずたずたに分割して線引きをし、植民地として支配したことを忘れてはいけません。英国やフランスには、今でも、彼らを啓蒙してやるために植民地にしたのは正しかったなんて言う人がいます。極端なことを言えば、こういう発想が「イスラム国」を生みだす原因のひとつだったとも言えます。

逆にそこのところさえ理解してつきあえば、イスラム教徒との共生には何の問題も起きないはずです。つまり敬虔なイスラム教徒の人たちを敬虔なまま受け入れれば、彼らが暴力的な態度に出てくるはずもないのです。

ところが、フランスが典型的ですけれども、西欧の価値観の上に立って、イスラム教徒の文化や宗教上の決まりごとを否定しようとする。

イスラム教徒の女性が一般的に身につけているスカーフやヴェール。本書でも何度か触れましたが、少し視野を広げて考えてみましょう。それが遅れている、世俗主義に反しているといって、フランスでは罪に問うということができます。公教育の場からスカーフやヴェールを締め出したうえに、ブルカ禁止法というのを二〇一一年から施行して、顔全面を覆っているものは罰金刑にするということも決めました。罰金を払わない場合には、フランス市民としての教育プログラムを受講しなくてはなりません。フランス側は市民としてのルールを教えるつもりなのですが、一種の思想教育です。

ブルカというのは、アフガニスタンの被り物の通称です。アフガン人はフランスにはほんの少ししかいない人たちなのですが、フランスの価値観に敵対的であるということの象徴としてブルカの排除をうたったのです。

イスラム教徒の男性は髭を生やす習慣がありますが、髭はフランス人の男性も生やしますから、禁止できない。それで女性だけを狙い撃ちにすることになりました。イスラム社会に対してジェンダーの不平等をさんざん非難しておきながら、スカーフ問題では女性だけに屈辱を強いるのでは、フランスのジェンダー論はダブルスタンダードを使っていることになりますが、誰もそのことに気づきません。

スカーフやヴェールが隠しているのは髪の毛やうなじ、喉元のあたりです。スカーフやヴェールをかぶっているイスラム教徒の女性に聞けばすぐわかることですけれど、これはイスラム教徒の女性たちにとって性的な羞恥心の対象になります。感覚としては、日本でいえば、女性が足をどこまで出すのか、ということに近い。足を出すこと自体が恥ずかしいという人はロングスカートを、あるいはスカートをお召しにならずにズボンをはくかもしれません。一方でミニスカートでもぜんぜん構わないという人もいるでしょう。それは自身で決めることであって、国家権力があぁしろ、こうしろと命じるようなことだろうか、と思うのですが、フランスはぜったいにそれを理解しないのです。

イスラム教徒の女性の場合、髪の毛やうなじが羞恥心の対象になるのは、イスラムの規範からくるものです。『コーラン』では「彼女らの目を伏せ、陰部を守るように」「彼女らの装飾は外に現れたもの以外、表に現してはならない。また彼女らの胸元には覆いを垂れさせ……」(『コーラン』24章31節）とされています。ここでいう装飾は女性らしさを表す部位を指し、「顔と手首から先」以外はすべて覆うべきものとされます。男性に対しても陰部を守ることを求めています（24章30節）。現実に即して言えば、あとはその人が髪の毛にそういう感覚をもつかもたないか、ということです。ただ、罰則規定はありませんから、イスラム教徒の女性でも出す人は出しています。

こういうふうに説明すると、国家が口を出すことではないだろう、とイスラム教徒が言いたくなる気持ちもおわかりいただけるかと思います。しかし、フランスという国はこういうことに関しては本当に頑固です。

「これは国家をあげてセクハラを働いているようなものではないか。髪の毛をあらわにしてヴェールをとれば女性が解放されて自由になるとでも思っているのかもしれないが、それは、ミニスカートをはけば女性が自由になるといっているようなもの。逆に女性の側からいえば、性を商品化する行為そのものだ」

私がこの発言をしたのは、フランスのストラスブールにある欧州評議会という人権問題を議論する会議の席上です。何を間違ったのか、私が呼ばれたのであえてけんかを売ってきました。しかし、私が罵られるばかりで、フランス側は決して理解しませんでした。議長だったルクセンブルクの大使は「面倒なことを言うんだから……」と不満顔でした。

この会話は今から十数年も前のことですが、その後、いっこうにスカーフを脱がないイスラム教徒に業を煮やしたフランスは、相次いで公共の場での着用禁止に乗り出していったのです。

もはや、永遠の断絶なのかもしれません。

フランスにいるイスラム教徒は、わかってもらうことはあきらめているようです。そんなに肌をあらわにすることが進歩だというなら、猿のほうが進歩しているということか、と笑っていました。悪いことに、フランスでのスカーフ排除は、ドイツ、オランダ、ベルギーなど、他のヨーロッパ諸国に拡大しつつあります。

思考の体系が違うという溝をどう埋めるのか

これは本当にばかげたことなのです。身体の露出を増やしたからそれがどうした、ということにすぎない。しかしそんなことが対立の象徴として使われてしまう。それぐらい水と油なのです。そうであれば、互いに敵どうしだと認めた上で講和条約みたいなものをつくったほうがいいんじゃないか。最近、イスラム法学者の中田考先生ともそう話して本を出版しました(『イスラームとの講和』中田考&内藤正典、集英社新書)。

お話ししたように、私はヨーロッパ各地にいるイスラム教徒移民の目を通して、いってみれば、ヨーロッパの向こう岸からヨーロッパを見るような研究をしてきました。フランス文化に見えているものと見えていないものは何か、見えないものはなぜ見えないのか。そうしたことについてある程度自覚的に語ることができるようになりましたが、フランスをはじめヨーロッパの社会はまだそこに気づこうとはしていません。

ですから、思考と認識の枠組全体が違うということを、お互いが認めるところから出発しないと、この衝突は果てしなくつづくのではないかと考えています。

イスラムの規範と近代西欧に生まれた規範とのあいだには、お互いにどうにも重なる部分がありません。イスラムは、神のもとにあるから人は自由になれると考え、西欧では神から離れないと自由になれない、というように。イスラムでは主権は神にあると考え、西欧では主権は人にあると考えます。これも、根本的な違いです。

両者はものの考え方とそこから生まれる価値の体系が違うと言ってもいいでしょう。そうならば、両者が、混じり合わずに共存していく方策を探っていくしかないだろうということなのです。

フランスに限らず、西欧諸国が、イスラム世界を啓蒙するのだと言い張り、一方のイスラム世界は、その啓蒙を拒む。結果、テロリストが増えるだけ……。これは、思考の体系が異なるのに、一方をごりごりと相手に押しつければ、相手が変わるだろうというありえない思い込みによるものです。この不毛な連鎖を断ち切らなくてはいけません。

終章

戦争、テロが起きないために私たちができること

サイクス＝ピコ協定百周年

イスラム教徒と仲良くするには――。このテーマで書きはじめましたが、ここ数年で、イスラム教徒を取り巻く世界の情勢は、あまりに悪くなってしまいました。こんなに多くのイスラム教徒が悲惨な状況におかれたのは、何が原因だったのかを考える必要があります。

第7章で「イスラム国」について、過去に例のない「病」という表現をつかいました。この病は、しかし、突発的に発生したわけではありません。二百年にわたるヨーロッパの中東支配と無関係ではありません。それではあまりに長すぎて、わかりにくければ、百年前あたりからたどってみればよいと思います。

今年は二〇一六年ですが、ちょうど百年前の一九一六年、ひとつの密約が結ばれたのです。サイクス＝ピコ協定といいます。サイクスはマーク・サイクスという英国人、ピコはジョルジュ・ピコというフランス人の名前ですが、この二人が中東の地図を前に、こっちは英国が直接統治する、あっちはフランスが直接統治する、こっちは英国の影響下におく、あっちはフランスの影響下におく、と実に身勝手に自国の利害をもとに、いまのシリアやイラクのあたりに線を引いてしまったのです。この線は、いまの国境線のもとになっています。

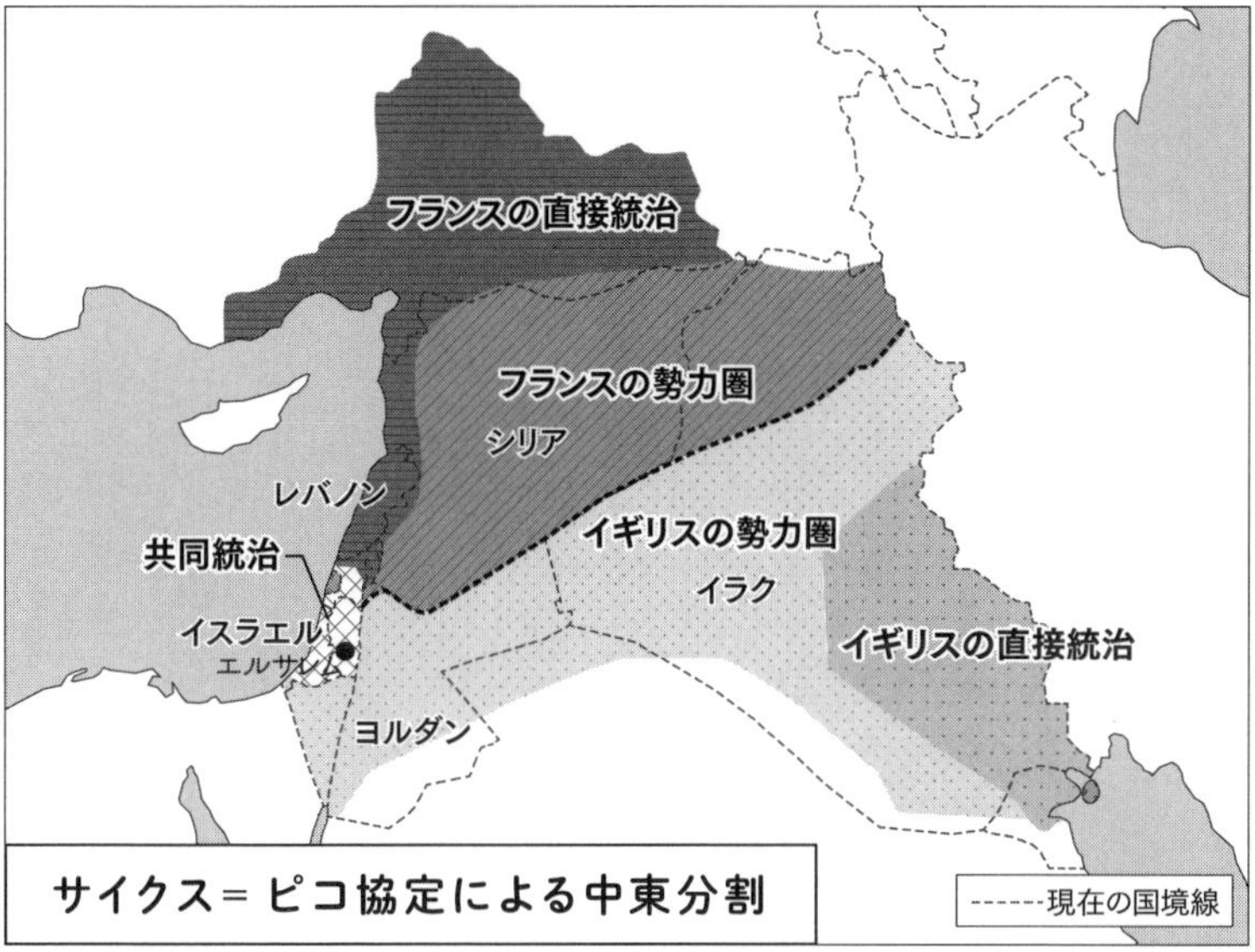

サイクス＝ピコ協定による中東分割

翌年、一九一七年には、当時英国の外相だったバルフォアという人が短い宣言文をシオニスト協会に対して出します。シオニストというのは、ユダヤ人のなかで自分たちの国をもとうと政治的な運動を繰り広げていた人たちです。バルフォアは、シオニストたちがパレスチナの地に、「ユダヤ民族の郷土」をつくるなら、大英帝国は援助を惜しまないと宣言しました。ヨーロッパで、すでに迫害を受けていたユダヤ人たちは、英国が自分たちの後押しをしてくれるというので、パレスチナに移住していきます。

ところが実は、英国政府は、「ユダヤ人の国家」をつくるなら、と言ったわけではありません。あくまで、自分たちが背後からコントロールするという条件をつけていたのです。しかし、ユダヤ人たちは英国の言うことを聞かず、どんどん入植していきます。

そして、第二次大戦の頃にナチスによるホロコーストの悲劇が彼らを襲いました。第二次大戦後、あまりの悲惨さに、新しくできた国連は、パレスチナを分割してユダヤ人が自分の国をもつことを認めます。しかし、ユダヤ人たちの入植に反対した地元のパレスチナ人、周辺のアラブの人たちと戦争になりました。パレスチナは分割され、ユダヤ人の国イスラエルとパレスチナ人の居住する地域に分けられます。しかし、その後、何度かイスラエルとアラブ諸国が戦ったものの、イスラエルはその支配地域を拡大していき、パレスチナの人たちは権利も自由も失ってしまいました。

国連は、何度もその動きを制止しようとしましたが、安全保障理事会でアメリカが拒否権を使うので、何もできませんでした。一度は、パレスチナの国家をつくる動きもあって、一九九四年にはパレスチナ自治政府ができたのですが、結局、いまだに自分たちの国をもつことはできていません。ガザという地区はまわりをイスラエルに包囲されている上に、シナイ半島への出口はエジプトが自由な往来をなかなか認めてくれないので、まるで開かれた監獄のようだといわれています。しかも、自由がないだけでなく、イスラエルの警察や軍の攻撃で命を奪われる事件も頻繁に起きます。

こういうところで一生を過ごさなければならないとしたら……。想像を絶するほどつらいことです。

この地域の人たちが、国境線のなかに閉じ込められているような気がするのは当然ではないでしょうか？

トルコとも「イスラム国」とも戦うクルド人

人としてのイスラム教徒と、どうやってつきあうかについて、ここまで書いてきましたが、現実に彼らが暮らしている土地から離れて「イスラム教徒」という人間を取り出すことはできません。

これは実は、イスラム教徒のことを知ろうとするときに考えなくてはいけない重要なポイントなのです。イスラム教徒は世界じゅうに住んでいますから、地域によって事情はかなり違います。いま、テロや暴力の問題の焦点になっている中東のイラクやシリア、パレスチナの地域では、安全に、安心して暮らせる状態にありません。パレスチナでは七十年ちかくも前からそうですし、イラクは二〇〇三年のイラク戦争より前は独裁政権の下で生きていかなくてはなりませんでしたし、そのあとは戦争によって国が空中分解してしまいます。

シリアも過去四十年以上、独裁政権の下にあり、二〇一一年からは内戦。いまでは、アサド政権軍の側にロシア軍やイランの革命防衛隊まで加勢して、反体制派は宗教色のない組織から、各種のイスラム武装組織、なかにはアル・カイダ系のヌスラ戦線なんていうのもあり、さらには「イスラム国」がイラクから勢力をのばし、国をもつことができなかったクルド民族の武装勢力は「イスラム国」と激しく戦っています。

クルドの人たちは、先に書いたサイクス＝ピコ協定による線引きがおこなわれたころ、英国が後押しをして領土をもてるかのようにみえたのですが、結局、英国は彼らを裏切ってしまいます。

第一次大戦の戦勝国側と戦って、なんとか自力で領土を守って独立したのはトルコぐらいですが、すさまじい戦いのうえで勝ち取ったものですから、その領域のなかに、トルコ人ではないという人たちが住んでいることを許せない。クルド民族の存在はながらく否定されてきました。クルドの人たちは、結局、イラク、イラン、シリア、トルコにまたがって暮らしていますが、いまだに独立した国をもてない。

そのなかでイラク戦争のときに、イラク北部にいるクルド人はアメリカを支援しました。サッダーム・フセインという独裁者を倒した後、アメリカはご褒美にクルドに事実上の独立を認めます。彼らにとっては、喜ぶべきことなのですが、民族は分断されたままです。それに、クルドが地域政府を樹立したことによって、イラクは完全に分裂が進んでしまったのです。

この地域に暮らす人びとにとって、他の大国が介入すると、たいへんなことが起こってしまうのです。特定の集団に注目して、彼らにとって良いことだと見えても、他の人たちにとっては災厄になってしまいます。

いま、シリアやイラクの「イスラム国」と激しく戦っているのも、このクルドの人たちです。アメリカはここでもクルドの人たちを応援して、武器や装備を提供しています。

そのことに激しく怒っているのはトルコです。トルコは、英国やフランスが勝手に引いた国境線のなかで成立したのではなく、自分たちで戦い取った国ですから、クルドの人たちがシリアで「イスラム国」と戦うことで、アメリカの支持をとりつけ、トルコ領内のクルド人に独立の機運が高まることを許せません。

そして、二〇一五年の夏頃から、トルコ国内でも、クルドの武装勢力が激しくトルコ軍と衝突しています。市民を狙ったテロも多発してしまい、トルコ軍が反撃にでるものですから、双方に多くの犠牲者が出ています。

国境線が悲劇を生む

国家というのは、国民をもちます。その国民とは誰のことかと必ず定義しなくてはなりません。国民がある特定民族からできていると言ってしまうと憎しみが生まれます。純粋にひとつの民族からできている国なんて中東・イスラム世界にはひとつもないからです。おまえたちの民族は、国民じゃないと言って、存在まで否定してしまうと、それこそ、民族紛争に発展します。

国家というものは領域をもちます。領域は国境線で仕切られます。同じ民族どころか、親戚同士なのに、国境線が引かれてしまったことによって行き来もできなくなる。こういう悲劇がパレスチナでも、シリアでも、トルコでも、イラクでも、つづいているのです。

国境線で仕切られたなかに暮らしていても、その地が、安全で、家族みんなが安心して暮らせるなら、まだいいです。しかし、そんな国、はっきり言って中東にはありません。

私が一九八〇年代の初め頃シリアに留学していたときの経験ですが、その頃、敬虔なイスラム教徒の組織のムスリム同胞団がアサド政権に刃向かったことがあります。彼らがテロを起こしたことは許されませんが、当時の政権はいまのアサド大統領の父親の代でしたが、軍や秘密警察を動員して、暴力とは無縁の市民も片っ端から投獄してしまいました。そればかりか、ハマという保守的なイスラム教徒が多い都市を包囲して、多くの人を殺害したのです。

この事件のあと、外国人の立ち入りが許されてからハマの町に行ったことがあります。成人の男性が誰も歩いていませんでした。彼らがどうなったか、当時は尋ねることもできませんでした。独裁政権による恐怖の統治は、敬虔なイスラム教徒たちを激しく弾圧してきたのです。

パレスチナのガザ地区でも、二〇〇四年からハマスというイスラム組織の力が強くなり、選挙で勝利していきます。二〇〇七年になるとガザを実効支配するようになりますが、イスラエルだけでなく、欧米の国々が相次いでこの組織をテロ組織としました。民衆が選挙で選んだのだからテロ組織に指定するのは誤りだと、堂々と主張した国はトルコぐらいでした。パレスチナ自治政府を代表してきたファタハという別の組織が、いっこうにイスラエルとの交渉で成果を挙げないことに絶望した民衆が、最後の最後に、イスラムを掲げてイスラエルと戦うことを辞さないハマスを選んだのです。暴力に訴えるのはいけないというのならば、こうした経緯をしっかりと把握した上で、「それでも」と言うのでなければ説得力は出ないでしょう。

「検問所を爆破しちまえ！」

私たちが過激派、あるいはテロ組織と思っているイスラム組織は、多くの場合、こうして生まれたのです。安全に、安心して生活することができれば、こういう組織は生まれてきません。

そして、過激化する組織のなかで、ついに激しく暴走する組織が登場しました。それが「イスラム国」なのです。

パレスチナのガザの友人がこういう話をしてくれました。彼は、日本に来るために、エジプト領のシナイ半島とガザのあいだのラファ国境検問所からエジプトに向かおうとしていました。しかし、エジプト政府は、この検問所をなかなか開けてくれません。ガザを支配するハマスの「テロリスト」がエジプト側に侵入するのを阻止するためだそうです。

何日も、何日も、検問所まで行っては追い返される日がつづいたそうです。イスラエルだけでなく、エジプトもまた、ガザの人たちの自由を奪っているのです。同じアラブ民族なのに、同じイスラム教徒なのに。彼は、検問所から追い返された一人の若者がこう叫ぶのを聞いたそうです。

「こんなことなら、『イスラム国』が検問所を爆破しちまえばいいんだ！」

イスラム教徒のあいだから、過激で暴力的な組織を生みださないようにするには、こういう若者の叫びに向き合わなければなりません。彼らに、一日もはやく、安全と安心を保障しなければなりません。欧米諸国では、いまだに、過激な思想に洗脳されたからイスラムを掲げるテロリストが生まれると思い込んでいますが、これは、間違いです。

どうしようもないくらいにつらい生活を強いられてきて、最後の最後に、過激な思想に洗脳されることはあるでしょう。テロで敵を倒せば殉教者となり、死後の楽園が保障されるなどというばかげた話に吸い寄せられるとしたら、その前に、現世での生活があまりに平安からほど遠いことに原因があるのです。

ヨーロッパに殺到した難民

内戦の悲劇は、もうひとつの悲劇を生みました。難民たちの苦しみです。シリアでの内戦がはじまってから故郷を追われて隣国に逃れた難民たちは四五〇万人に達し、国内で逃げまどっている人たち（国内避難民）は七五〇万人におよぶといわれています。シリアの人口の半分以上が逃げまどっていることになります。しかし、国連でさえ人数を数えることができないので、実態はわかりません。

シリアの北にはトルコがあります。国連難民高等弁務官事務所（UNHCR）によると、現在二七〇万人以上の難民がトルコにいます。西のレバノンには一〇〇万人、南のヨルダンには六五万人がいるそうです。

二〇一五年の夏、ついにトルコからあふれ出るように、難民がヨーロッパをめざしてエーゲ海を渡ってギリシャをめざしました。その数、一三〇万人。

しかし、密航業者に一人あたり日本円で一五万円あまりを支払い、ゴムボートに押し合いへし合いして乗り込んでも、みなが無事、目の前のギリシャ領の島に到着できたわけではありません。沈没したり、海に投げだされたりして命を落とした人の数も八〇〇〇人近いようですが、密航であるため、その数さえつかめていません。去年、私はトルコ西部のイズミールで、多くのシリア難民と出会いました。みな、手に手に大きな黒いビニール袋をもっていました。中にはライフジャケットが入っていました。しかし、粗悪な発砲スチロール製で、とても役にはたちません。子どもたちは服を新調してもらって、希望にあふれた表情でした。写真を撮ってもいいかと尋ねると、笑顔でカメラのほうを向いてくれました。密航業者が海岸までのミニバスに彼らを詰め込んでいきます。大人たちは背筋をピンとさせて、希望の大地ヨーロッパを

（上）エーゲ海で遭難したシリア難民のことを伝えるトルコの新聞。見出しは「世界よ恥を知れ」。
（下）トルコ西部のイズミールで、密航業者の手配したバスを待つ難民たち。みんな服を新調して、ヨーロッパでの新しい生活に希望をもっていました。そのあとに待ち受けるボートでの密航が死の航海になるかもしれないと気づいてはいても。彼らが無事、ドイツに着いたことを祈るしかありません。

めざしていたのです。深夜の密航が、死の航海になるかもしれないことに気づいていたとしても、彼らはしっかりと前を向いていました。途方もない苦しみの果てにたどりついた、打ちひしがれた姿ではありませんでした。そのことが私を打ちのめしました。これだけの惨禍の中にあって、決して誇りを失わない姿に言葉を失ったのです。

人道の危機の連鎖。内戦で家族を奪われ、生きる場所も奪われ、隣国にたどりついても安心も生計の手段もなく、最後の希望をヨーロッパに託して、彼らは海を渡ろうとしていました。

運よくギリシャにたどりついても、その先の道のりは彼らにとってさらに厳しいものでした。最終目的地のドイツに到達するために、ギリシャから陸路でマケドニア、そしてセルビアへ向かいます。次はハンガリーだったのですが、ハンガリーの政府は、難民の流入をとても嫌っていて、セルビアとの国境にフェンスを張って阻止してしまいます。

右往左往する難民たちは、西のクロアチアに向かい、そこからスロベニアを通ってオーストリア、そしてドイツをめざしました。

ドイツにたどりついても、彼らを安心と安全が待っているとは限りません。もちろん、それまでの苦難に比べれば、命の保証はありますし、生活費も支給されます。ドイツ語を学ぶ機会も与えられますし、子どもたちには教育の機会も当然、保障されます。

ですが、ドイツの世論は、いま、二つに割れています。難民の人たちを迎えようという人たちと、排除しようとする人たちです。難民だけを排除しようというのではありません。第1章で述べたとおり、ドイツには一九六〇年代、冷戦といって世界が自由主義の欧米諸国と社会主義のソヴィエト社会主義共和国連邦の陣営に分かれて争いはじめた頃から、多くのトルコ出身、モロッコ出身などの移民がいます。彼らは、ドイツの戦後復興を支えた労働者たちで、いまは幼い子どもだと四代目ぐらいの人も暮らしています。

二〇〇一年にアメリカで同時多発テロ事件が起きて以来、ヨーロッパはどこでもそうだったのですが、イスラム教徒に対する敵意が増幅していきます。トルコやモロッコの出身者も多くがイスラム教徒です。

極右もリベラルも反難民、反イスラム

アル・カイダや「イスラム国」のようなテロ組織が、ヨーロッパを標的にしてきたため、何の悪意もなく暮らしてきたイスラム教徒はだんだん追い詰められていったのです。イスラム教徒が多すぎる。このまま彼らが増えると、ヨーロッパがイスラム化してしまうのではないか、ヨーロッパのアイデンティティの危機だというようなことを声高に叫ぶ人たちが増えたので

す。

かつて、こういう人たちは「極右」だと言われてきました。しかし、最近の動向をみていると、どうやら、極右の人たちだけではないことがわかります。

極右というのは、極端なナショナリストです。極右が出てくるには、その国に、たいていは幻想にすぎないのですが、何か一枚岩になれる共同体意識が必要です。ドイツではドイツ人の人種的な民族意識がありますし（これはナチスの時代だけでなく戦後も払しょくされませんでした）、フランスだとフランス共和国の理念や原則に身も心もささげるべきだというような考え方がこれにあたるでしょう。

でも、オランダにそんなものはありますか？　スウェーデンにそのようなものがあるでしょうか？　わりと古くから多文化の共生を当然のことと考えてきた国には、極右といってもなんのことだかわかりにくい、そもそも極右というものを想定しようがないのです。

英国もそうです。あの国はユナイテッド・キングダム（連合王国）といいますが、北アイルランド、スコットランド、ウェールズ、それにイングランドがくっついてできていますよね。そんな国で、極右と言ったらだれを指すのでしょう。

実は、くっついている国のひとつ、スコットランドには、強いナショナリズムがあります。

イングランドのことを嫌う人は多いですし、自分たちがブリティッシュと呼ばれるのはともかく、イングリッシュ（英語のことではなくて、イングランド人のこと）と呼ばれるのは我慢ならない人も少なくありません。でも、連合王国としての英国の極右と言われても、さて、何を指すのか今ひとつよくわかりません。二〇一六年六月二十三日、英国が国民投票の結果、ＥＵを離脱することになり、世界に大変な衝撃を与えました。その背景に、移民や難民の問題を自分の手でコントロールしたいという意思が働いています。ＥＵ嫌いのＵＫＩＰ（連合王国独立党）だけでなく、保守党の中にも離脱を主張する政治家が続々と出てきたのですから、これはもはや「極右」と呼べるような勢力ではありませんでした。

反イスラム教徒、反難民を叫ぶ排外主義は、ヨーロッパ全土を覆っています。ハンガリーが難民の通過さえ阻止したことは前に書きましたが、ポーランドでも、スロヴァキアでも、異質な人を排除しようとする傾向ははっきり強まっているのです。

私はなかでも、自由を主張するリベラルな人たちに、反イスラムを叫ぶ傾向が出ていることを注視しています。なぜ、リベラルが？　と思われるでしょう。リベラルな人たちがみなそうだというのではありませんから、誤解しないでください。しかし中には、イスラムという宗教は押しつけがましい教義をもっていて、暴力的で、女性を差別的に扱っているじゃないか。自分は、そういう宗教から距離を置く自由、あるいはイスラム教徒とつきあわない自由を認めてほしいんだと言う人たちがいます。

一見すると、もっともな意見にみえるのですが、ヨーロッパの人たちはイスラムのことなどほとんど知りません。最初から、イスラムはそうに決まっていると思い込んでいるのです。イスラム教徒の数が少ないうちは、問題になりませんでした。それに、自分たちは保守や極右とは違うんだ、他者との共存にも理解あるリベラルなんだという意識もありましたから、一九九〇年代までは、むしろリベラルな人たちが、移民や難民にも理解を示していました。

しかし、今は違います。私がつよく懸念しているのはそこなのです。昔からいる極右だけでなく、もともと極右など存在しなかった国でも、リベラルを自称してきた人たちが、いまやイスラム教徒を排除する自由を主張する。

シリアから、リビアから、アフガニスタンからの難民たちの多くは、イスラム教徒です。いまは混乱を収拾することに多くのヨーロッパ諸国の関心が向いていますが、少したって、難民受け入れの問題が落ち着いてくると、急に、反イスラム感情が難民に向けられるはずです。半世紀も前から暮らしてきたイスラム教徒の移民たちにも、確実に敵意が向けられます。

三十年ちかくヨーロッパのイスラム教徒移民を取り巻く状況をみてきた私には、途方もない数の難民が押し寄せたことで、ヨーロッパ社会が彼らを差別し排除していくことは手に取るようにわかります。

そうなれば、イスラム教徒たちの中から、「イスラム国」のような集団に逃避していく若者が出てきます。将来、今の「イスラム国」はアメリカ軍などから成る有志連合軍の攻撃で壊滅しているかもしれません。しかし、確実に、別の集団が登場して、同じように暴力を繰り返していくでしょう。

言葉での排除から暴力へ

ヨーロッパは当初、言葉でイスラム教徒を疎外しました。あの人たちは、貧しい国から来た遅れた人たちだと公言していました。その次に、ドイツやフランスの教育から落ちこぼれていく移民の若者が増えると、彼らは、怠け者だと言われました。教育水準が低いまま働きだすと、その国の底辺層の労働者と職場が競合してしまい、自分たちの仕事を移民が奪っていると言われ、ひどく嫌われました。

だいたい一九九〇年代まではそうでした。その頃、ヨーロッパのエリートたちの視界には彼らの姿は入っていませんでした。掃除の人、道路工事の人、ごみ収集の人、工場で、鉱山で働いていた彼らは、エリートや金持ちからは見えなかったのです。

二〇〇一年のアメリカでのテロ、〇四年のマドリードでの同時多発テロ、〇五年のロンドンでの同時多発テロ、アメリカや英国がアフガニスタンやイラクで戦争に乗り出していった結果、ヨーロッパにいたイスラム教徒のなかに暴力でこれに応えようとする若者たちが出てきました。彼らはアル・カイダなどの過激な組織に加わっただけでなく、自分たちで独自に行動を起こすようにもなっていきます。

この段階にきて、エリートたちは恐怖におののきます。自分たちの町のなかにテロリストがいる。イスラム教徒の移民は、みなテロリスト予備軍ではないか？　一度、こういう恐怖が芽生えてしまうと、誰もが、すでに英国市民、ドイツ市民、フランス市民となっていたイスラム教徒にさえ敵意を向けるようになります。私たちは、遠く日本にいますから、ヨーロッパのそういう変化を知りませんでした。

こうなると、もう誰にも反イスラム感情のうねりを止めることはできません。知ったかぶりをしてイスラムを非難する、無数の嫌がらせをし激しい暴力をふるう……。二〇〇九年でしたが、ドイツのドレスデンでスカーフをかぶっていたエジプト出身の女性がドイツ人男性から罵声を浴びたことを理由に、男を訴えます。裁判所はヘイト・クライムと認めて罰金刑を被告に言い渡したのですが、被告は納得せず控訴しました。そして、信じられないことに、控訴審の法廷で隠しもっていたナイフで原告の女性を刺殺してしまいます。

事件はドイツでも大きく取り上げられましたが、多くのメディアは、被告はどうやってナイフをもって法廷に入れたのかを問うばかりで、事件がスカーフを着用していたイスラム教徒の女性に向けられた、つまりは反イスラムのヘイト・クライムであったことには口をつぐんでしまいました。

ドイツは、一九九〇年に東ドイツと西ドイツが再統合して、いまのドイツになりました。冷戦の終焉を象徴する画期的なできごとでした。しかしその直後から、難民収容所が攻撃されたり、トルコ系移民の家が放火されたりという事件がいくつも起きました。再統一の興奮からドイツ民族主義が高揚していたのです。

しかしその頃は、ドイツにも、まだナチス時代のように民族主義がひどくゆがんだかたちで高揚すると他者の排除につながることの記憶がありました。当時のヴァイツゼッカー大統領はドイツの良心といわれた人ですが、これらの蛮行を強く非難し、ドイツ国民に自制を求めています。

それから二十年。いまのドイツには、イスラム教徒へのあらゆる攻撃に対して、それが過去にユダヤ人の身に起こした大罪と同じ根っこからきているのではないかと自問する姿勢が失われています。

「シャルリー・エブド」はなぜ攻撃されたのか

二〇一五年、パリは二度のテロに見舞われました。最初は「シャルリー・エブド」という風刺画専門の新聞社が襲撃され編集者や風刺画家が殺されました。ユダヤ人向けのスーパーも襲撃されました。同じ年の十一月、今度は無差別に複数の場所が自爆と銃撃によって襲われ、一三〇人もの死者を出す大惨事となりました。

「シャルリー・エブド」への攻撃は、この新聞社が預言者ムハンマドを侮辱する風刺画を何度も掲載したことがイスラム教徒の激しい怒りをまねいたことが背景にあります。権力者を風刺しても、イスラム教徒は怒りません。イスラムの偉い学者を風刺しようと、アラブの王様を風刺しようと、イスラム教徒は怒りません。

しかし、預言者ムハンマドは別です。彼はイスラムを創始した人物ですから、イスラム教徒にとっては生みの親以上の存在。風刺画家たちは千四百年も前の歴史上の人物をからかって何が悪いと思ったようです。ここのところは、私たち非イスラム教徒にはとても理解しにくいところですが、イスラム教徒は、時々刻々、毎日毎日、自分がムハンマドのおかげで存在しているという思いを新たにしているのです。

そういう人を裸にして侮辱するような絵を描きつづけていれば、いつか、暴力に見舞われると私は思っていました。考えてみてください。自分の母親や父親を裸にされ罵られても、言論の自由、表現の自由なんだから我慢しろと言われつづけることを。暴力を肯定しているのではありません。決してテロを肯定しません。しかし、これはいじめの問題と同じことです。相手が命にかえても守りたいと大切にしている人——それがたとえ私たちにとっては歴史上の人物であってもです——その人を罵りつづけても黙っておとなしくしていろというのは、いくらなんでも無理ではないでしょうか。

十一月のテロは、「イスラム国」によるものでした。実行犯の一部は、そのあと二〇一六年の三月にベルギーのブリュッセルでもテロを起こします。

どちらのテロも、なぜその場所を狙ったのかが私たちにはわかりませんでした。「イスラム国」が出した犯行声明によれば、イスラム教徒と非イスラム教徒がともに暮らす場所を狙って攻撃し、両者の分断を図ったようです。パリのテロでは、イスラム教徒も集うような場所を狙っていました。「イスラム国」は、イスラム教徒の移民社会をも分断しようとしていました。

フランスのような不道徳な社会に順応するのか、それとも「イスラム国」の側に来るのか。それを思い知らせてやるためにテロを起こしたというようなことが犯行声明には書かれていました。

もちろん、とんでもない理屈ですが、そこに共感しているイスラム教徒は、フランスをはじめヨーロッパ諸国だけでなく、世界中に少なからず存在するのです。

ここから先——。そんな奴らだから侮辱し、非難し、攻撃してやればいいのだと考えるのか。それとも、なぜ、彼らがこんなにヨーロッパの社会に敵意を向けるようになったのかを考えてから、彼らを暴力に吸い寄せられないようにするのか。

どちらの道を選ぶのか、いま、私たち非イスラム教徒は問われているのです。

あとがき

イスラム教徒ではない私が対話をつづけてきた、イスラム教徒の姿を、本書で語ってきました。最後に、あとがきから読む人のために、まとめておきましょう。

①人間が一番えらいと思わない人、②人と人とのあいだに線引きをしない人、③弱い立場の人を助けずにはいられない人、④神の定めたルールの下では存分に生活をエンジョイする人、⑤死後の来世を信じて、楽園（天国）に入れてもらえるように善行を積もうとする人。

本書の中では、こういう人間像とは対立する見方も紹介しています。とくに、西欧世界でのイスラム教徒像からは、①から⑤のような姿は、まず見えてきません。西欧世界がイスラム教徒の実像を知らないと言えばそれまでですが、そういう姿を見ようとしてこなかったことにも深い問題があります。

でも、一五億人とも一六億人ともいわれるイスラム教徒の姿を西欧経由のめがねを通して見る必要はありません。もっとふつうに、市民としての生活のなかで彼らがどういう価値観をもち、どういう行動をする人なのかを知ることのほうが、はるかに大切です。いまはまだ、日本に暮らすイスラム教徒は少ないですが、近い将来、かならず増えていきます。彼らはアジアの隣人でもあるのですから。

私は、これ以上、イスラム教徒と非イスラム教徒との対立や衝突を避けるためには何が必要なのかを考えてきました。いくつか本を書いてきましたが、多くは、そこに焦点を当てていますから、同工異曲になります。あいつ、また同じことを言っていると言われることもしばしば。それでもかまいません。問題が解決しているならともかく、むしろはるかに悪くなっているからです。

対立や衝突を、解消とまではいかなくても、緩和するのに必要なことは、過去十五、六年のあいだ、それほど変わっていません。続々と起きる事件、紛争、戦争のほうは、同じ構造のもとで起きているのです。

やりきれない思いです。テロの犠牲となったニューヨークやパリ、ブリュッセルやオーランドの人たちも、イラクやシリアの各地で命を落とした夥《おびただ》しい数の人たちも、イスラムの世界と西欧世界との、どうしようもなくぎすぎすした関係の犠牲者であることに変わりはありません。

ここ数年で、どうも両者の対立だけでなく、いまの世界をかたちづくっている国民国家というものが、イスラム世界での暴力に深く関わっていることに注目するようになりました。二〇一五年、途方もない数のシリア難民がヨーロッパをめざしましたが、彼らの苦難の道を間近で見ていた私は、問題は、単に、西欧とイスラムの関係にとどまらず、国民国家がもっている硬い殻にあることを確信しています。しかし国の殻というものは、そう簡単に壊すことはできませんし、壊した後の無秩序を考えると、壊せばいいとも思えません。むしろ、国家よりも人を知ることを先にすべきだろうと考えています。

本書をつくるにあたっては、ミシマ社の三島邦弘さんと新居未希さんにお世話になりました。内容が、ともすれば硬くなりがちなこの本を読者のみなさんに近づけるためにお二人が取ってくださった労に感謝します。

内藤正典

二〇一六年六月二十七日

内藤正典（ないとう・まさのり）

1956年東京都生まれ。

東京大学教養学部教養学科科学史・科学哲学分科卒業。社会学博士。

専門は多文化共生論、現代イスラム地域研究。一橋大学教授を経て、現在、
同志社大学大学院グローバル・スタディーズ研究科教授。

著書に『イスラム──癒しの知恵』『イスラム戦争　中東崩壊と欧米の敗北』
（以上、集英社新書）、『ヨーロッパとイスラーム』（岩波新書）、
『トルコ　中東情勢のカギをにぎる国』（集英社）など多数。

となりのイスラム

世界の3人に1人がイスラム教徒になる時代

2016年 7 月21日　初版第1刷発行
2017年 1 月27日　初版第6刷発行

著　者　内藤正典
発行者　三島邦弘
発行所　㈱ミシマ社
〒152-0035
東京都目黒区自由が丘2-6-13
電　話　03-3724-5616
F A X　03-3724-5618
e-mail　hatena@mishimasha.com
U R L　http://www.mishimasha.com/
振　替　00160-1-372976
ブックデザイン　寄藤文平＋阿津侑三（文平銀座）
編集協力　佐藤大成
組版　有限会社エヴリ・シンク

印刷・製本　株式会社シナノ

ISBN：978-4-903908-78-6

好評既刊

街場の教育論

内田 樹

「学び」の扉を開く合言葉。それは……？

学校、教師、親、仕事、宗教……あらゆる教育のとらえ方がまるで変わる、驚愕・感動の11講義！　至言満載のロングセラー。

IISBN978-4-903908-10-6　1600円

増補版　街場の中国論

内田 樹

尖閣問題も反日デモも……おお、そういうことか。

「日本は中国から見れば化外の民」「中華思想はナショナリズムではない」…『街場の中国論』(2007年刊)に3章が加わった決定版！

ISBN978-4-903908-25-0　1600円

街場の文体論

内田 樹

言語にとって愛とはなにか？

30年におよぶ教師生活の最後の半年、著者が全身全霊を傾け語った、「クリエイティブ・ライティング」14講。「届く言葉」の届け方。

ISBN978-4-903908-36-6　1600円

(価格税別)

好評既刊

街場の戦争論

内田 樹

日本はなぜ、「戦争のできる国」になろうとしているのか？

「みんながいつも同じ枠組みで賛否を論じていること」を、別の視座から見ると、まったく別の景色が見えてくる！　現代の窒息感を解放する快著。シリーズ「22世紀を生きる」第4弾！

ISBN978-4-903908-57-1　1600円

何度でもオールライトと歌え

後藤正文

俺たちの時代で、断絶を起こしたくない。

爆笑・絶妙の名エッセイと、これからの10年を牽引するオピニオンが響き合う。書かずにはいられなかった魂の言葉たち。

ISBN978-4-903908-75-5　1500円

映画を撮りながら考えたこと

是枝裕和

全作品を自ら振り返る、是枝裕和の集大成。

映画、テレビ……媒体を越え、「表現しつづける」困難と可能性を探った、構想8年の決定版。

ISBN978-4-903908-76-2　2400円

（価格税別）

好評既刊

海岸線は語る　東日本大震災のあとで

松本健一

「海やまのあひだ」に住まう日本人が、
真に取りもどすべきは何か？

3・11当時、内閣官房参与だった著者が、東北3県を歩き、「日本人の生きるかたち」を問いなおした、これからの日本文明論。

ISBN978-4-903908-34-2　1600円

現代の超克　本当の「読む」を取り戻す

中島岳志、若松英輔

今こそ、名著の声を聴け！

現代日本の混迷を救うため、気鋭の政治哲学者、批評家の二人が挑んだ、全身全霊の対話。

ISBN978-4-903908-54-0　1800円

あわいの力　「心の時代」の次を生きる

安田 登

「心」に代わる何かが生まれる!?

シュメール語、甲骨文字……古今東西の「身体知」を知りつくす能楽師が、「心」の文字の起源から次の時代のヒントを探る。シリーズ「22世紀を生きる」第2弾！

ISBN978-4-903908-49-6　1700円

（価格税別）